Mittwoch, der 31. Februar

Für Ela

Raphael Gensert

Mittwoch, der 31. Februar

Raphael Gensert
Mittwoch, der 31. Februar

1. Auflage, Mai 2019

ISBN: 978-3-9820602-3-1

Verlag: Goldhand & Gress, Saarbrücken
Umschlaggestaltung: siro Production GmbH, Neunkirchen, siro-production.de
Herstellung: Books on Demand, Norderstedt

Aus Respekt vor der deutschen Sprache und Kultur ist dieses Werk vollständig nach den Regeln der bewährten alten Rechtschreibung verfaßt.
Bibliografische Information der Deutschen Nationalbibliothek: Die Deutsche Nationalbibliothek verzeichnet diese Publikation in der Deutschen Nationalbibliografie; detaillierte bibliografische Daten sind im Internet über http://dnb.dnb.de abrufbar.

Alles Made in Germany.

In beiden Codes enthaltener Text: http://www.raphael-gensert.de

Inhaltsverzeichnis

Vorwort

Draußen regnet es in Strömen. Seit ich heute morgen um kurz nach acht aufgestanden bin, schüttet es. Ich habe mir im Arbeitszimmer die Heizung angemacht und vorhin nochmal eine Stufe höhergestellt. Im Laufe dieses Nachmittags soll ein Paketbote kommen und eine große Kiste abholen, die hier herumsteht und mir Platz wegnimmt. Solange ich warte, kann ich das Haus also nicht verlassen. Dabei müßte ich dringend einkaufen, die Milch ist mir ausgegangen. Ohne Milch keinen Tee. Obwohl ich gerade den bei diesem Wetter gut brauchen könnte.

Vor einer halben Stunde bin ich mit der letzten Geschichte aus diesem Sammelband fertig geworden, mit »Thora«, eine Erzählung, zu der ich ein besonderes Verhältnis habe. Wobei man das von allen Geschichten behaupten kann, die ich schreibe. Die hier sind zwischen 2015 und 2018 entstanden. Die erste von ihnen ist auch die erste in diesem Buch: Es ist »Ein todsicherer Plan«, die Erzählung zweier Menschen, die grundverschieden und sich doch so ähnlich sind. Ich schrieb sie im Sommer 2015 als Beitrag für einen Literaturwettbewerb, bekam aber eine Absage. Mich enttäuschte das ein wenig, weil ich mir wirklich Mühe mit dieser Geschichte gegeben hatte. »Ein todsicherer Plan« ist nicht die einzige Erzählung, die ich erfolglos bei einem Wettbewerb eingereicht hatte. Mehr als die Hälfte der Geschichten in diesem Sammelband waren solche Beiträge. Inzwischen weiß ich, daß sie hier besser aufgehoben sind. Im Laufe der Zeit stellte fest, daß Absagen Gang und gäbe sind und interessanterweise häufig dieselben Namen solche Ausschreibungen gewinnen. Ein Schelm, wer Böses dabei denkt.

Ich schreibe nicht, um Wettbewerbe zu gewinnen. Wenn das passiert, dann ist das nett, aber es ist nicht mein hauptsächliches Ziel.
Ich will unterhalten, gruseln, zum Lachen oder Nachdenken anregen.
Ich will Geschichten aus dem Leben erzählen. Aus meinem, aus dem von anderen.
Ich will eigene Beobachtungen und Überlegungen in meine Erzählungen einfließen lassen, Bilder erzeugen und mit Sprache spielen.
Ich will etwas schaffen, etwas kreieren, etwas Bleibendes hinterlassen. Die Sicherheit, daß mir das gelingt, ist mir der größte Ansporn, den ich mir vorstellen kann.

Ich wünschte, ich könnte auf eine längere Bibliographie zurückblicken, aber während ich hier in meinem Arbeitszimmer sitze und »Mittwoch, der 31. Februar« den letzten Schliff verpasse, schlummern ein paar Ordner weiter auf der Festplatte drei Großprojekte. Den ersten Roman begann ich im Sommer vor drei Jahren, in den beiden darauf folgte jeweils ein neuer. Immer wieder stelle ich fest, daß die sich anschließende Überarbeitung deutlich mehr Zeit frißt als das eigentliche Schreiben. Was anstrengend ist, denn irgendwann will man mit dem, was man anfängt, ja fertig werden. Dummerweise sprudeln in der Zwischenzeit neue Ideen aus mir heraus. Neue Ideen für Romane, Kurzromane oder Kurzgeschichten, die ich gar nicht so schnell umsetzen kann, wie sie mir in den Sinn und ins Sudelbuch kommen. Mit meiner Novelle »Wo nichts mehr ist« gelang mir im Herbst 2017 der Sprung in eine Anthologie, die ein Jahr später erschien. Ich werde sie zusammen mit zwei anderen Kurzromanen in einem eigenen Sammelband ebenfalls herausgeben, aber das wird noch dauern. Sie sehen: »Mittwoch, der 31. Februar« wird nicht das letzte Buch sein, das meinen Namen trägt, und die Vorfreude auf das, was kommt, treibt mich an, am Ball zu bleiben.

Die Erzählungen in diesem Band sind zu unterschiedlichen Zeiten und in unterschiedlichen Stimmungen entstanden. Ich denke, das erkennt man auch. Es führt dazu, daß mir einige von ihnen sehr wichtig sind, andere hingegen weniger. Natürlich hat jede Geschichte ihrerseits ihre Geschichte. Schließlich gibt es gute Gründe für das Entstehen jeder einzelnen von ihnen. Wenn ich Kurzgeschichten von Stephen King lese, interessiert mich meistens sehr, was ihn dazu bewogen hat, wie ihm die Ideen dazu kamen oder wo die versteckte Aussage liegt, die ich mal finde und mal erst mit der Nase darauf gestoßen werden muß. Die Geschichten der Geschichten aus diesem Buch habe ich im Nachwort aufgeführt. Aber unterstehen Sie sich, sie zu lesen, bevor Sie die eigentliche Geschichte dazu kennen! Nicht, daß Sie sich selbst spoilern. Das wäre schade.

Schreiben Sie mir doch, welche Erzählung Ihnen am besten gefallen hat, welche Sie gefesselt, an- oder aufgeregt hat, welche Sie amüsiert oder zum Nachdenken gebracht hat: mail@raphael-gensert.de
Auf Ihre Rückmeldung freue ich mich sehr, denn sie ist, wie ich eben schrieb, der beste Antrieb, weiterzumachen.

So, inzwischen ist der Paketbote gekommen und hat mich von der Kiste erlöst, die nun auf dem Weg in die Berge ist. Also werde ich hier den Schirm zuklappen, hinaus in den Regen zum Einkaufen gehen und »Mittwoch, der 31. Februar« damit abschließen.

Und morgen geht's weiter. Mit »Station E 9«, »Fahr zur Hölle!«, »Vereist« oder »Alle guten Dinge sind Angst«. Oder etwas ganz neuem. Mir wird schon was einfallen. Mal sehen, was mir gleich beim Einkaufen passiert…

Herzlichst,

Raphael Gensert

Saarbrücken, im Dezember 2018

Ein todsicherer Plan

1

Ihr Entschluß stand fest. Zu lange schon fühlte sie sich von ihm genervt, konnte sein albernes Lachen nicht mehr hören und seine aufgesetzte Fröhlichkeit. Die Art, wie er morgens die Tasse hielt, wie er nachts neben ihr lag und ihr die Decke wegzog, die Art, sich zu kleiden. Das kam ihr alles so falsch vor. Es war ein Fehler, ihn zu heiraten. Die Kinder, die sie sich immer gewünscht hatte, konnte er ihr nie schenken. Der Zug war inzwischen abgefahren, auch für sie, dessen war sie sich bewußt. In dem, was von ihm noch zu gebrauchen war, lebten sie nun schon über dreißig Jahre. Der Rest lag auf der Bank, und sie wußte, was sie würde tun müssen, damit er wie ein Aussteiger wirkte. Zigaretten holen und einfach nie mehr wieder kommen. Seine Mutter hatte ihr vor einigen Jahren ein Halstuch geschenkt, das ihr nie gefallen hatte. Jetzt konnte es seinen praktischen Nutzwert unter Beweis stellen. Über ein Jahr arbeitete die Frau an diesem Plan. Nichts durfte schiefgehen, sie konnte kein Detail dem Zufall überlassen. Den Tag heute hatte sie sich bewußt ausgeguckt, um ihn endlich loszuwerden und sich ihr Geld zu holen. Ja, es war ihr Geld. Er hatte sie um ihr halbes Leben betrogen, um ihr Familienglück, um ihre Erfüllung. Jetzt war sie am Drücker, und sie holte sich, was ihr zustand.
Heute abend sollte es passieren.
Ihr Entschluß stand fest.

Unter dem Vorwand, mit ihm eine aufregende Nacht in freier Wildbahn verbringen zu wollen, lockte sie ihn aus der Siedlung und hinein ins Hinterland, eine moorige Gegend, um die sich einige Legenden rankten. Dieses Moor gab es schon seit Jahrhunderten. Es war Zeuge von allerlei Veränderungen und der ideale Ort, um jemanden unbemerkt verschwinden zu lassen. Es war ebenso perfekt für ein Schäferstündchen, fernab der Zivilisation und ungestört durch andere. Für den Mann mußte es wie ein romantischer Spaziergang im Nieselregen aussehen. Die Frau hatte längst herausgefunden, wie sie ihn um den Finger zu wickeln hatte. Was sie tun, sagen oder anziehen mußte, um ihn zu manipulieren und dorthin zu lenken, wo sie ihn hinhaben wollte. Er war eben ein Schlappschwanz. Ein reicher zwar, aber ein Jammerlappen, ein Langweiler.
Während der letzten Tage hatte es nur geregnet, was ihr sehr entgegenkam. Der Regen würde sämtliche Spuren verwischen. Und seine Leiche würde hier nicht die erste sein, da war sie sich sicher.

Zwischen Schilfhalmen und abgestorbenen Baumresten legte sich die hereinbrechende Nacht über sie und ihn. In der Ferne quakten einige Frösche, der Nieselregen trommelte leise auf die Kapuze ihres Regenmantels. Unter ihren Gummistiefeln drückte sich der Schlamm. Er ging voran. Immer weiter. Tiefer hinein, bis bald kein Weg mehr zu erkennen war. Die Frau war sich sicher, daß er das alles sehr spannend und aufregend fand und ein ungewöhnliches Abenteuer vermutete, was es zwischen ihm und ihr schon lange nicht mehr gab. Ganz klar: Hätte er gewußt, daß sie vermeintlich auf Wolken und Regen im Mondschein stand, hätte er sich früher darum gekümmert. Devot und unterwürfig schien er es geradezu zu genießen, sich ganz auf sie einzulassen und tat alles, was sie sagte. Das tat er immer.

2

Das Mädchen durfte nicht in das Zimmer seines Bruders gehen. Er hatte es ihr streng verboten. Einerseits bewunderte das Mädchen ihn, weil er schon so groß war und natürlich auch große Freunde hatte, weil er die coolere Musik hörte, mehr Taschengeld bekam und ein richtiges Fahrrad fuhr. Eines, für das man nicht ausgelacht wurde. Klar hatte er auch das größere Zimmer. Besonders aufregend war seine Vogelspinne, die er in einem gläsernen Terrarium hielt, das im vollgestopften Bücherregal gegenüber von seinem Bett stand. Andererseits war ihr Bruder auch ein blöder arroganter Kerl, der seine Überlegenheit nur allzu gern heraushängen ließ und ihr bei jeder Gelegenheit klarmachte, wer das Sagen hatte. Aber heute abend hatte er sich mit anderen Jungs zum Fußballgucken verabredet, und Mama und Papa waren bei Freunden zum Essen eingeladen. Dem Mädchen war klar, daß es die Wohnung für sich alleine haben würde. Das kam zu selten vor, um eine solche Gelegenheit ungenutzt zu lassen.

Zögernd und mit pochendem Herzchen drückte es die Türklinke der Zimmertür des Bruders auf. Was für ein Palast hier vor dem Mädchen lag! Der Schreibtisch war unter einem Chaos von Schulbüchern und leeren Colaflaschen begraben, das Bett war zerwühlt, auf einem Stuhl lagen Klamotten. Das Mädchen hob einen Pullover hoch. Er roch etwas muffig und reichte ihr bis zu den Waden, aber es war ein tolles Gefühl, ihn sich vor die Brust zu halten und sich für einen Moment lang vorzustellen, selbst einen solchen Pullover tragen zu können. Was wohl die anderen aus der Klasse sagen würden? Sie wären alle neidisch!

Die größte Anziehung auf das Mädchen übte aber die Vogelspinne aus. Über dem Terrarium flimmerte eine

blaßbläuliche Neonröhre. Die Spinne war pechschwarz, stark behaart und so groß wie eine Computermaus. Sie saß unter einem Stück Baumrinde und rührte sich nicht.
»Hallo«, sagte das Mädchen, aber die Spinne blieb reglos.
»Beweg dich mal«, bat das Mädchen und klopfte vorsichtig mit dem Finger gegen die Scheibe.
Nichts.
Vom Schreibtisch nahm das Mädchen ein Lineal. Langsam schob es die Abdeckscheibe des Terrariums zur Seite und führte das Lineal hinein. Es gab der Spinne einen behutsamen Klaps auf das Hinterteil, was die Spinne mit einem nervösen Zucken ihrer Beine und einem Schritt nach vorne quittierte, bevor sie erneut sitzen blieb. Das Mädchen kicherte.
»Geh mal weiter«, forderte das Mädchen die Spinne auf und tippte sie mit dem Lineal an. Die Spinne krabbelte ein kleines Stück auf die Baumrinde, verharrte aber gleich wieder.
»Blödes Vieh«, schimpfte das Mädchen, »mach doch mal was!«
Das Mädchen hantierte mit dem Lineal in dem Terrarium herum und bemühte sich, die Spinne weiter anzutreiben, was ihm die Spinne übelnahm. Sie machte drei große Schritte nach vorne, sprang mit einem Satz aus dem Terrarium heraus und landete direkt auf der Schulter des Mädchens. Es spürte die Beinhaare an seinem Hals. Das Mädchen schrie hysterisch und erschrocken zugleich und schlug in Todesangst nach der Spinne. Die fiel herunter und versuchte, zu fliehen. Gleichzeitig taumelte das Mädchen rückwärts, prallte gegen das Bücherregal und suchte reflexartig Halt an einem der Bücher. Das gab nach, fiel heraus und stoppte den Fluchtversuch der Spinne. Den Rest erledigte die Schwerkraft.

3

Ihr Gang wurde schwerer, das Matschen unter ihren Stiefeln lauter. An einigen Stellen war kein Unterschied zwischen Wasser und Land auszumachen. Bei jedem Schritt verschwand die Hälfte ihrer Wade im Morast. Die Frau war hochkonzentriert. Sie wollte den großen Augenblick so weit wie möglich hinauszögern, den Mann noch weiter ins Moor locken, in die Fänge der feuchten Nacht. Die Atmosphäre war gespenstisch, der Nieselregen fein wie Nadeln. Über ihnen zogen die dunkelgrauen Regenwolken im Nachthimmel vorüber, das Mondlicht tauchte die karge Landschaft in einen silbrigen Schimmer. So faszinierend sie tagsüber auch war, so unheimlich war sie nun. Es roch nach nasser Erde, das Quaken der Frösche lag längst hinter ihnen. Die Regentropfen wurden dicker.

»Was hast du mit mir vor?«, fragte der Mann.
»Geh einfach weiter«, forderte die Frau ihn auf. Sie suchte nach der Stelle, die sie sich schon unzählige Male angesehen hatte. Ein Biotop, das sich kaum betreten ließ, denn der nasse Boden gab nach wie Treibsand. Es war der perfekte Platz. Was man dort hineinwarf, das kam nie mehr heraus. Und das sollte er nicht. Klar durfte sie es nicht übertreiben. Nicht, daß er mißtrauisch werden würde. Zumindest nicht mehr als sowieso schon. Seit fast einer Stunde waren sie inzwischen in dieser gottverlassenen Ödnis unterwegs, ohne, daß sie ihm gesagt hatte, weshalb. Andererseits kannte er sie gut genug, um zu wissen, daß sie manchmal auf krude Ideen kam. Die Chance auf einen erlebnisreichen Akt im Freien bei Vollmond würde er sich natürlich nicht entgehen lassen.
»Wir sind gleich da«, sagte die Frau angestrengt. »Nur noch ein paar Schritte.« Das stimmte nicht ganz. In der frühen Nacht sah hier alles gleich aus. Sie war sich nicht sicher, ob die Stelle, die sie meinte, tatsächlich dort vorne

lag, aber eigentlich war das auch egal. Es konnte genau so gut hier passieren. Es kostete sie einige Anstrengung, sich ihre Unsicherheit nicht anmerken zu lassen.
Während sie weiterstapften, zog sie den Reißverschluß ihres Regenmantels herunter, schob die rechte Hand hinein und tastete in der Innentasche nach dem Halstuch. Es war noch da. Sie rieb es zwischen den Fingern, um die Feuchtigkeit loszuwerden. Schweiß? Nein, bestimmt kam das vom Regen. Natürlich kam das vom Regen. Woher sonst? Ihr Herz schlug schneller. Sie mußte tiefer atmen. Er ging direkt vor ihr, wie ein braves Hündchen. Die Frau packte das Halstuch fest in die Hand und zog es zentimeterweise aus der Innentasche heraus. Gleich würde sie es geschafft haben. Dann würde das alles hier ein Ende haben, und für sie würde ein neues Leben beginnen. Eines, wie sie es sich immer gewünscht hat. Das beste Leben, das man sich von seinem Geld würde leisten können.

»Da?«, fragte der Mann und drehte sich zu der Frau um. Reflexartig drückte die Frau das Halstuch zurück, zerrte die Hand aus dem Mantelinneren und zog den Reißverschluß wieder zu. Vor ihnen lag eine Gruppe abgestorbener Bäume, die aus dem schwarzen Grund herausragten und ihre toten Äste wie Arme in den Himmel streckten. Zwischen dem Gestrüpp war die glitzernde Oberfläche eines Tümpels zu erkennen. Der modrige Geruch wurde intensiver. »Ich weiß nicht«, sagte die Frau und ärgerte sich schwarz, daß der Mann ausgerechnet jetzt so eine dämliche Frage stellen mußte. Dieser Nichtsnutz taugte nicht mal als Mordopfer.

4

Diesen Karton würde niemand vermissen. Aus den Schuhen, die einmal darin waren, war das Mädchen längst herausgewachsen. Jetzt konnte die Schachtel ihrer neuen Bestimmung zugeführt werden: als Sarg für eine Vogelspinne und ihre abgetrennten Körperteile. Es hatte das Mädchen einige Überwindung gekostet, die tote Spinne zusammenzukratzen und alle Überreste wegzuwischen. Tot war sie noch ekliger als lebendig. Würden sein Bruder und Mama und Papa erfahren, was passiert war, hätte das unvorstellbaren Ärger zur Folge. Das beste würde es sein, sich dumm zu stellen. Über die Einzelheiten hatte sich das Mädchen noch keine Gedanken gemacht. Jetzt war es erst einmal wichtiger, den Kadaver an einem Ort verschwinden zu lassen, an dem der Bruder nie suchen würde. Das Moor an der Landstraße hinter der Straßenecke wäre ein todsicheres Versteck – im wahrsten Sinne des Wortes! Ein Stück weit die Wiesen hinein gab es eine Stelle, an der früher mal ein kleiner See lag. Inzwischen war es nur noch ein dunkelbrauner übelriechender Fleck, und was man dort hineinwarf, das kam nie mehr heraus. Und das sollte es nicht.

Das Mädchen war keine zehn Meter mehr von dem Tümpel entfernt, da hörte es Stimmen aus den toten Bäumen. Wer, außer ihm, schlich sich um diese Zeit hier draußen herum? Hoffentlich hatte es sich der Bruder nicht anders überlegt und statt Fußballgucken ein Trinkgelage im Morast veranstaltet. Wenn er sie jetzt erwischen würde, dann könnte sie sich gleich dazulegen. Soviel war klar.

»Wer bist du denn?« Aus dem schlammigen Nichts heraus stand plötzlich eine dunkle Frauengestalt vor dem Mädchen. Die Frau trug einen klatschnassen Regenman-

tel, ihre Gummistiefel waren bis oben hin mit Matsch eingeschmiert. Das Mädchen packte die Angst. Es klammerte den Schuhkarton unter den Arm und stand wie angewurzelt da.
»Warte mal«, rief die Frau neben sich ins Geäst und drehte sich wieder zu dem Mädchen. »Hey, du«, sagte sie. Sie klang besorgt, beinahe mütterlich. »Was treibst du denn hier so spät abends? Bist du allein? Hast du dich verlaufen?«
Das Mädchen schüttelte den Kopf, traute sich aber nicht, etwas zu sagen. Die Angst überrannte sie und mündete in einem plötzlichen Tränenausbruch. Dicke Tropfen kullerten seine Wangen herunter.
Die Frau holte tief Luft, legte ihre Hand auf seinen Kopf und versuchte, das Mädchen zu beruhigen. »Ist ja schon gut. Nicht weinen. Was ist denn passiert?«
Aus dem Hintergrund trat der Mann zu den beiden. Er schaute fragend auf das Mädchen, überließ die Beruhigung aber der Frau.
Das Mädchen bemühte sich, die Fassung zu wahren und setzte an: »Mein Bruder hat eine Vogelspinne. Ich darf nicht mit ihr spielen, aber er war nicht da, und dann habe ich's doch gemacht. Dann ist die Spinne auf mich gesprungen, und als ich mich erschrocken habe, sind Bücher draufgefallen, und jetzt…« Weiter kam das Mädchen nicht mehr. Es hielt den Schuhkarton wie ein Schutzschild vor sich.
Die Frau schien verstanden zu haben und fuhr fort: »…und jetzt willst du sie begraben, ohne, daß dein Bruder davon erfährt«, und es war nicht klar erkennbar, ob das eine Aussage oder eine Frage sein sollte.
Das Mädchen nickte und zog die Nase hoch.
Die Frau nahm den Karton und richtete sich auf. »Na, komm. Wir gucken mal, ob wir ein Plätzchen finden können.« Sie drehte sich zu dem Mann und bedeutete ihm mit einer Kopfbewegung, weiter in Richtung des

Tümpels zu gehen. Der Mann sah erst die Frau, dann das Mädchen mißbilligend an, drehte sich aber um und machte sich auf den Weg. Als er außer Hörweite war, beugte sich die Frau erneut zu dem Mädchen herunter und sagte leise: »Ich helfe dir, kleines Mädchen. Dein Bruder wird nichts erfahren. Aber du mußt mir auch helfen, versprichst du mir das?«

Das Mädchen nickte willig mit dem Kopf und wischte sich mit dem Oberarm die Tränen aus dem Gesicht.

»Ich muß nämlich auch etwas loswerden, hörst du?«, sagte die Frau mit dem Tonfall einer Vertrauenslehrerin. »Und du kannst mir dabei unter die Arme greifen. Willst du das? Willst du dich nützlich machen?«

Ja, das wollte das Mädchen. Es wollte alles tun, was die fremde Frau sagte, wenn nur der große Bruder niemals erfahren würde, was mit seiner Vogelspinne passiert war. Das Mädchen verlor keinen Gedanken an das, was die Frau loswerden wollte, und es war ihm auch egal. Seine größte Sorge waren das eigene schlechte Gewissen und die Angst vor den drei Feinden zu Hause, denen sie sich früher oder später würde stellen müssen.

5

Die Frau nahm das Mädchen an die Hand und ging mit ihm ein paar Schritte zurück in die Richtung, aus der sie zusammen mit dem Mann gekommen war. Nichts wie weg von ihm! Wenn schon dieser Zwischenfall ihren Plan durchkreuzte, dann durfte bloß nichts mehr schiefgehen. Eine solche Chance hatte sie nur einmal. Jetzt. Die minutiöse Planung, die Aufregung, die Nervosität wären dahin gewesen, wenn sie alles hätte abblasen müssen. Außerdem würde das Martyrium dann in die Verlängerung gehen, und das galt es unter allen Umständen zu verhindern.

An einer Stelle, die sich durch nichts von anderen in dieser toten Landschaft unterschied, machte die Frau plötzlich halt. »Hier ist doch schön. Was meinst du?«, fragte sie das Mädchen und hatte es eilig.
Das Mädchen zögerte. »Ich weiß nicht«, fing es an und starrte auf den feuchten Boden, der im Mondschein glänzte.
»Kleines Mädchen, du sitzt ziemlich in der Klemme«, sagte die Frau ernst und warf dem Mädchen einen stechenden Blick zu. »Wenn dein Bruder rauskriegt, was du gemacht hast, dann passiert etwas ganz Schlimmes.«
Das Mädchen sah die Frau verzweifelt an. Das Glasige in seinen Augen war noch nicht verschwunden.
Die Frau trat mit dem Gummistiefel eine Kuhle ins Moor. Das Mädchen staunte, als sei es von Größe und Tiefe des Lochs beeindruckt. Keine Frage: Mit seiner Schuhgröße 33 hätte es das nicht hinbekommen. Wie gut, daß eine Erwachsene da war.
»Jetzt leg sie rein«, sagte die Frau. Dann richtete sie sich auf und versuchte, den Mann zu sehen. Sie mußte wissen, wo er war, er durfte ihr auf keinen Fall verlorengehen. Ihr Plan sollte nicht durcheinandergeraten. Zu lange schon hatte sie auf diesen Tag, auf diese Nacht, hingearbeitet, sich alles haargenau überlegt und im Hintergrund schon längst dafür gesorgt, daß ihr als trauernde Verlassene alles zufließen würde, was einmal ihnen beiden gehört hat. Selbst über seinen fingierten Unfalltod hatte sie schon nachgedacht und würde diese Idee weiter ausfeilen, wenn sie sich als nötig erweisen sollte. Bis jetzt spielte ihr der Zufall in die Hände: Dank des Vollmonds war es hell genug, um alles sehen zu können, das sie würde beseitigen müssen, und der Regen würde die übrigen Spuren von selbst verwischen. Das Halstuch würde denselben Weg gehen wie seine Leiche. In dieser Vegetation bliebe davon nicht mehr viel übrig.

Als die Frau wieder nach unten schaute, hatte das Mädchen den Karton schon bis zur Hälfte mit Schlamm bedeckt. »Mach schneller«, raunte sie und schob mit dem Gummistiefel den Morast auf die Pappkiste. Mit matschendem Geräusch verschwand der letzte Rest des Kartons unter einem kleinen Hügel. »Komm jetzt«, sagte die Frau ungeduldig und nahm das Mädchen wieder an die Hand. »Wir müssen weg.«

»Aber ...«, setzte das Mädchen an. »Was sage ich, wenn sie mich fragen, warum die Spinne plötzlich weg ist?«

Die Frau überlegte kurz. Sie erwischte sich bei dem Gedanken, diese Fragestellung absolut lächerlich zu finden. Sie wünschte sich, sie hätte dieses Problem. »War es eine große Spinne?«

»Ja. Ganz groß und voller Haare. Eine Vogelspinne.«

»Sag doch einfach, du hättest Fernseh geguckt, und vielleicht wäre die Spinne von selbst aus dem Terrarium herausgekrabbelt. Groß und kräftig war sie ja.«

»Wo bleibst du denn?«, fragte der Mann aus einiger Entfernung. Gut, daß er noch nicht ganz da war.

Die Frau blieb stehen und beugte sich wieder herunter. »Hör zu, kleines Mädchen. Ich habe dir geholfen, jetzt hilfst du mir, ja?«

Das Mädchen schluchzte. »Wenn Mama und Papa schon zu Hause sind, kriege ich noch mehr Ärger. Dann muß ich nicht nur sagen, wo die Spinne ist, sondern auch, wo ich herkomme. Die schimpfen bestimmt, weil ich noch nicht im Bett liege.«

»Keine Angst. Dir wird nichts passieren. Jetzt geh ein Stück da rüber.« Dabei deutete die Frau mit dem Finger in die entgegengesetzte Richtung. Inzwischen war das Nieseln in einen kräftigen Gewitterregen übergegangen. »Guck nach da und paß auf, daß niemand kommt. Wenn ich dich gleich rufe, kommst du und hilfst mir, auch was zu verstecken, ja? Wenn du lieb bist, bringe ich dich nachher nach Hause, und niemand wird was erfahren. Alles klar?« Das Mädchen nickte ängstlich, ging ein paar Schritte von der Frau weg und blieb reglos stehen.

Endlich konnte es losgehen. Wieder spürte die Frau die Feuchtigkeit in den Handflächen. Sie tat ein paar Schritte auf den Mann zu, der noch immer am Tümpel auf sie wartete.

»Was ist denn los? Wer ist dieses Kind?«, fragte er und schien die Welt nicht mehr zu verstehen.

Die Frau zeigte auf das morsche Gestrüpp am anderen Ufer und sagte nur: »Da drüben! Da müssen wir hin!«

Der Mann schüttelte verständnislos mit dem Kopf und tat ein paar Schritte in die Richtung, die die Frau gerade gezeigt hatte. Lange würde er dieses Spielchen nicht mehr mitmachen.

Entschlossen, ihren Plan nun endlich in die Tat umzusetzen, zog die Frau den Reißverschluß ihres Regenmantels auf. Wie ferngesteuert griff ihre Hand nach dem Halstuch. Diesmal zog sie es komplett heraus, nahm beide Enden in die Hände und wickelte es um sich selbst. Jetzt konnte sie nichts mehr aufhalten. In exakt diesem Moment würde es passieren. Sie stapfte durch das Moor und näherte sich dem Mann bis auf einen Schritt von hinten. Sie war keine Armlänge mehr von ihm entfernt, umklammerte mit beiden Händen das Halstuch und hob es hoch.

6

Ein ungeheurer Schlag durchbrach die Nacht. Der krachende Lärm war ohrenbetäubend und ging durch und durch. Den Jungen packte die Angst, als er so aus dem Schlaf gerissen wurde. Draußen tobte ein gewaltiges Unwetter. Die Blitze hüllten sein Zimmer durch die

Perforation des Rolladens hindurch sekundenlang in schreiende Helligkeit, bevor der nächste Donnerschlag ertönte. Der Junge brauchte einen Moment, um sich sicher zu fühlen. Sein Blick fiel auf das Regal gegenüber von seinem Bett. Darin stand ein Terrarium.
Unter einem Stück Baumrinde saß eine Vogelspinne.

Immer hier

Zum Flughafen«, sagte die Frau und schloß die Tür. Sie machte einen gehetzten Eindruck. Said fuhr los. Zum Flughafen war es ein ziemliches Stück, die Fahrt würde etwa eine halbe Stunde dauern, aber sie war eine sich lohnende. Für einen Freitagnachmittag war noch nicht viel Verkehr. Das würde sich bald ändern.

»Wo soll's denn hingehen?«, fragte Said.
»Nach Oslo.«
»Oh, Oslo«, sagte Said und tat so, als kenne er sich aus. »Oft kalt, da. Was machen Sie in Oslo?«
»Ich lebe da«, antwortete die Frau. »Schon seit fast 20 Jahren. Erst die Arbeit, dann die Liebe.« Sie schien diesen Gedanken nicht zu Ende führen zu wollen und schaute etwas sehnsüchtig aus dem Fenster. Er sah es im Rückspiegel.
»Und warum waren Sie hier?« Said fuhr auf die Autobahn.
»Heimatbesuch«, sagte die Frau tonlos. »Aber ich merke immer wieder, daß ich hier nicht mehr hingehöre. Meine Eltern haben mir das nie verziehen. Mir ist das alles hier so fremd geworden.« Sie schwieg eine ganze Weile nachdenklich und setzte dann fort: »Wenn ich ehrlich bin, weiß ich gar nicht, wieso ich überhaupt hier war. Es ist schön, aber ich bin immer froh, wenn ich wieder zu Hause bin.«

Sie waren fast da. Links von der Autobahn erstreckten sich bereits die ersten Gebäude des Flughafens. »Also ist

Oslo jetzt Ihre Heimat?«, fragte Said. Der Taxistand lag direkt vor Terminal 1.

»Meine Heimat ist das hier. Oslo ist mein Zuhause, nicht meine Heimat. Das ist ein Unterschied.«

Said hielt den Wagen und half ihr mit den Koffern. Sie nahm den Flieger um zehn nach sieben.

Ein dankbarer Standort ist der Flughafen nicht. Zu viele Taxis für zu wenige Leute, aber wer ohnehin jemanden absetzt und erkennbar frei ist, kann Glück haben. Said hatte Glück. Eine Frau mittleren Alters trug nur eine Reisetasche bei sich und stieg ein. »Grüß Gott«, sagte sie knapp mit hörbarem Einschlag. »Fahren's zum Hauptbahnhof, bitt'schön.«

Said schielte kurz in den Rückspiegel. »Sind Sie aus Bayern?«, fragte er.

»Mei, vom Tegernsee. Und eigentlich schon lange hier, aber so recht habe ich mich immer noch nicht eingewöhnt. Ich kriege diesen Äppelwoi nicht runter.« Dabei lachte sie kurz.

Said verließ die Autobahn am Südanschluß und bog in die Mörfelder Landstraße Richtung Norden. Es war eine gängige Strecke, die er schon unzählige Male gefahren war. Er kannte die Stadt inzwischen wie seine Westentasche, und es kam ihm vor, als sei er nie woanders gewesen als hier. Ihm waren die Sitten und die sprachliche Färbung der Leute hier ebenso vertraut wie der Äppelwoi. Er kam sich seltsam überlegen vor. Er war hier eher zu Hause als diese Frau, obwohl er doch das war, was sie einen »Ausländer« nannten. Oder jemanden »mit Migrationshintergrund«. »Sind Sie eine Fremde?«, fragte er seinen Fahrgast. An sich eine überflüssige Frage, aber ihm fiel keine bessere ein, und er wollte den Gesprächsfluß nicht abbrechen lassen.

»Wenn man so will, schon. Hier schaut alles anders aus als bei mir daheim. Man spricht hier anders.« Dasselbe hätte Said auch von ihr behaupten können.
»Meine Heimat wird das hier nie.«
»Meine auch nicht, aber ist Zuhause«, sagte Said und überquerte damit die Friedensbrücke. Die Frau sagte nichts mehr und stieg am Hauptbahnhof aus. Für einen Moment lang dachte Said selbst über sein Verhältnis zu seinem neuen Zuhause nach. So richtig hatte er das noch nie. Daß er ausgerechnet hier als Taxifahrer unterwegs sein würde, hätte er früher nie gedacht. Den Deutschen möchte er sehen, der sich traute, in Bagdad einen Taxischein zu machen. Lächerlich!

»Frei?« Ein südländisch aussehender Mann mit Schnurrbart steckte seinen Kopf durch das Fenster auf der Beifahrerseite. Said stieg aus und hielt dem Mann und dessen Begleitung die Türen auf.
»Fahren Sie Berger Straße«, bat der Mann. Said fuhr los.
Der Mann und die Frau unterhielten sich in einer fremden Sprache. Said vermutete Nordkurdisch, konnte den Dialekt aber nicht zuordnen.
»Wo kommt ihr her?«, wollte Said wissen.
»Anatolien«, antwortete der Mann. »Und du?«
»Irak«, sagte Said. »Wie lang schon hier?«
»Fünf Jahre.«
»Und, wie gefällt's euch?«
»Ist komisch. Immer kalt. Deutsche immer müde. Müssen immer arbeiten. Aber besser hier wie in Türkei. Und du?« Der Mann drehte sich zu Said.
»Schon lange hier, seit Golfkrieg«, sagte Said. »Dann hier geblieben, Arbeit gefunden, Frau und Kinder. Deutsche sind komisches Volk, aber geht schon.«
Für einen Moment lang schwiegen alle drei. Die Ampel wurde grün. Said fuhr an der Konstablerwache vorbei in die Friedberger Landstraße.

»Sind sehr komisch«, wiederholte der Mann, und seine Frau auf der Rückbank nickte. Sie waren da. Die beiden verabschiedeten sich.

»Wagen 29, bitte kommen«, kratzte es aus dem Funkgerät. Said bestätigte. Alles fühlte sich so selbstverständlich an. Die Zentrale orderte ihn zum Südfriedhof. Dort stieg ein alter Mann ein, der sich auf einem Gehstock abstützte.
»Falkstraße«, bat er mit rauher Stimme, und Said erkannte an der Aussprache, daß der Mann offenbar von hier war.
»Bockenheim?«, vergewisserte er sich, während er grob auf die Untermainbrücke zusteuerte.
»Jawoll«, bestätigte der Mann zufrieden.
»Sind Sie von da?«, fragte Said. Der Mann lachte. »Isch bin e Frankfurter Bub«, sagte er gutgelaunt und schaute nach vorne. »Schon immer gewesen. Nie woanners. Immer hier.«
Said staunte in den Rückspiegel. »Nie woanders?«
»Nie woanners als wie hier. In Ginnheim geboren, zur Schule und in die Lehre gegangen, als geschafft, schon lange in Rente. Isch werd' hier auch sterben. Immer hier. Immer dahaam.«
»Haben Sie nie überlegt, wegzuziehen?«, fragte Said. Für ihn war Bagdad nach dem Golfkrieg keine Option mehr, Deutschland der Neustart, alles auf Anfang.
»Naa«, antwortete der Mann und lächelte. »Isch laß doch mei Frankfurt net alaa!«

Sie waren in Bockenheim angekommen. Said half dem Mann beim Aussteigen und sah ihm nach, bis er in einem der Mietshäuser verschwand. Für ihn war es unvorstellbar, sein ganzes Leben lang an nur einem Ort zu verbringen. Es hätte ihm den sicheren Tod bedeutet. Jetzt war er hier. Es hätte überall sein können, aber nun war es eben Frankfurt. Er rief seine Frau an. »Anissa? Machen wir heute Kibbeh mit Salat? Mir ist nach Essen aus der Heimat. Und Äppelwoi ... Schön, ich freu' mich! Bis nachher!« Said war zufrieden und blieb an der Bockenheimer Warte. Zwei Straßen weiter wohnten er und Anissa mit den Kindern.

Er war zu Hause.

Der kleine Bär

Meike hatte eine Flasche Wein mitgebracht.
»Bist du verrückt?«, fragte Ute und sah mit einer Mischung aus Entsetzen und Neugier auf die Flasche, die Meike wie eine Trophäe vor ihre Brust hielt. Zugegeben: Ganz abgeneigt war sie nicht, aber es hätte ihrer guten Erziehung widersprochen, die Freude über dieses Mitbringsel zuzugeben. Es war schon in Ordnung so, daß Meike diejenige war, die die Flasche in der Hand hielt. »Komm erstmal rein.«
»Ich dachte, wir köpfen die zusammen«, sagte Meike, schälte sich aus ihrem Mantel und drückte ihn Ute in die Hand, was wohl die Aufforderung sein sollte, ihn an der Garderobe aufzuhängen. Meike war eine resolute Persönlichkeit, die jede Runde unterhielt und für jeden Spaß zu haben war. Ute dagegen hielt sich selbst für bedächtig und vernünftig, und manchmal wunderte sie sich ein wenig darüber, wie sie mit Meike befreundet sein konnte. Aber es waren wohl die Gegensätze in dieser Freundschaft, die sich sprichwörtlich anzogen.
»Du kennst die Regel ›Kein Bier vor vier‹?«, fragte Ute mit leicht mahnendem Unterton und öffnete Meike die Tür zum Wohnzimmer. Sie hatte sich auf den Nachmittag gefreut. Treffen dieser Art gab es viel zu selten, deshalb genoß Ute die Abwechslung sehr. Die Heizung war an und strahlte eine angenehme Gemütlichkeit aus.
»Es ist ja kein Bier. Es ist Wein! Und einen guten Wein …« Meike verdrehte die Augen, als suchte sie nach Worten und überlegte wohl, wie sie diesen Reim zu ihren Gunsten zu Ende bringen konnte. Schließlich ergänzte sie

mit einem schelmischen Grinsen: »... Den schenk mir ein!«
Ute holte tief Luft und verschwand mit einem »Um drei Uhr nachmittags!« in der Küche. Während sie zwei Weingläser aus dem Regal nahm und im Vorratsschrank nach Keksen suche, nutzte Meike die Zeit für einen Smalltalk.
»Bis heute abend ist noch lange, wir müssen uns ja nicht beeilen. Wie war's denn heute?«
»Anstrengend. Die sind nicht alle einfach, glaub's mir.«
Es waren keine Kekse mehr da.
»Du wolltest doch immer Kinder. Jetzt hast du mehr als genug«, rief Meike und kicherte dabei. Sie hatte schließlich keine. Weder Kinder noch den Streß, der mit ihnen verbunden war. »Wie heißt nochmal deine Gruppe?«, fragte sie.
»Das sind die Bären«, antwortete Ute und mußte dabei schmunzeln.
»Wie süß, die Bären! Hast du ein Lieblingskind? Einen Lieblings-Bär?«
Ute ging mit den Gläsern und einem Korkenzieher zurück ins Wohnzimmer, wo sich Meike schon in den Sessel gefläzt hatte. »Da sind einige Kinder, die ich mag.«
Als hätte Meike geahnt, daß das Öffnen der Flasche ihre Aufgabe sein würde, begann sie, die Folie am Flaschenhals zu lösen. »Nein«, sagte sie und schraubte den Korkenzieher tiefer. »Ich meinte so ein richtiges Lieblingskind. So eins, das du gerne selbst hättest. Das von dir sein könnte und das du absolut cool findest. Ein Lieblingskind halt. Eines, das alles darf oder das nicht so nervt oder dir einfach sympathischer ist als andere.« Meike stellte die Weinflasche auf den Fußboden und klemmte sie zwischen ihre Füße. Während sie die Flasche mit der einen Hand am Flaschenhals hielt, zerrte sie den Korkenzieher nach oben und verzog dabei vor Anstrengung das Gesicht.

»Wenn ich's mir aussuchen könnte, würde ich den Elias nehmen«, sagte Ute und lehnte sich zurück. »Der ist vier und mir so richtig ans Herz gewachsen.«
Mit einem hellen »Plopp!« löste sich der Korken aus der Flasche. Meike schenkte Ute und sich ein. »Elias … Ja, von dem hast du schonmal erzählt. Was ist denn so besonders an ihm? Ich meine, der Kleine ist vier …«
»Ach, das ist ein süßer Fratz, ich mag den einfach. Der ist pfiffig, temperamentvoll und für sein Alter ziemlich intelligent. Ich sag's ja: Wenn ich mir einen aussuchen könnte, dann den.« Ute griff nach ihrem Glas und stieß mit Meike an. Rotwein am hellichten Tag! Ein bißchen schämte sich Ute dafür, aber ab und zu darf man auch mal sündigen.
»Wahrscheinlich hätten seine Eltern aber was dagegen, wenn du ihn mitnehmen würdest«, sagte Meike. »Ein Kind zum Eigenbedarf aus dem Kindergarten mitnehmen ... Könnte Ärger geben.«

Es war Ute, die nun die Fragen stellen wollte, denn schließlich war dies mit der Grund für ihre Verabredung mit Meike. Zumindest hatte Meike am Telefon schon so eine Andeutung gemacht, aber wirklich überraschend was es für Ute nicht. Sie ahnte seit Wochen, daß ihre gemeinsame Freundin Fatima eine neue Liaison hatte. »Jetzt erzähl' mal von Fatima«, forderte sie Meike auf und setzte sich anders hin.
Meike überzog ein Grinsen. »Tja …«, begann sie bedeutungsschwanger, »es ist wohl so.«
»Ehrlich?« Ute war ganz aufgeregt. »Seit wann? Erzähl'!«
Meike legte eine Kunstpause ein. Ute sah ihr an, daß sie es genoß, für Ute im Mittelpunkt zu stehen und die Neuigkeiten zu haben, die Ute so gespannt erwartete. »Fatima und Tommy sind seit vorletztem Wochenende zusammen.«
Ute lachte. »Also doch! Hat ja lang genug gedauert.« Als müsse sie sich für diese Information besonders stärken,

nahm sie einen großen Schluß Rotwein, den sie geräuschvoll durch ihre Kehle schickte und ergänzte dann ernst: »Für Fatima freut's mich ja. Wie lange war sie Single? Zwei Jahre?«

Meike hatte ihrerseits noch den ganzen Mund voller Wein, plusterte die Backen auf und schluckte alles mit einem Mal herunter. Dabei nickte sie, gab einen bejahenden Laut von sich und fügte dann an: »Das Geflirte mit denen geht ja seit Monaten. Ich hoffe halt nur, daß er diesmal auch der Richtige ist. Ich weiß über Umwege, daß er schonmal länger mit einer zusammen war und schon Papa ist. Die zwei, drei Male, die wir uns im ›Einundsechzig‹ unterhalten haben, machte er jedenfalls einen anständigen Eindruck auf mich.«

›Einundsechzig‹ war eine Studentenkneipe in der Altstadt, in der sich Ute, Meike und die anderen öfter trafen, obwohl sie aus dem Studentenalter schon heraus waren. Auch für diesen Abend war das geplant. Ute hatte sich felsenfest vorgenommen, dieses Mal nicht bis zum Schluß zu bleiben. Immerhin war sie diejenige, die am nächsten Morgen um sieben wieder den Kindergarten aufschließen mußte. Sie konnte es sich nicht leisten, mit Standgas zur Arbeit zu erscheinen. Zumal sie ja jetzt mit Meike schon am Vorglühen war und ahnte, daß sie beide diese Weinflasche locker leerbekommen würden und die Chancen auf Nachschlag gut standen. Sie merkte den Wein schon. In Anbetracht der Annahme, im ›Einundsechzig‹ nicht nur Apfelschorle trinken zu können, würde sie sich etwas zusammenreißen müssen. Trotzdem füllte sie Meikes und ihr eigenes Glas wieder auf. Damit war nur noch etwa ein Drittel in der Flasche.

»Ich kenne den nur vom Sehen. Mein Typ ist er nicht, aber wenn die miteinander auskommen, ist doch super. Mir ist der zu glatt«, sagte Ute und bemühte sich um einen abschätzigen Gesichtsausdruck, der ihr offenbar auch gelang.

Meike gluckste. »Das mußt ausgerechnet du sagen! Du bist jetzt auch nicht so die Extrovertierte. Ich finde ihn auch ein bißchen komisch, aber meine Güte … Wir müssen ja nicht mit ihm ins Bett.« Damit hob sie ihr Glas wieder und forderte Ute erneut zum Anstoßen auf.
»Mit dem will ich gar nicht ins Bett«, sagte Ute entschlossen. »Mir reicht meiner schon.«
»Mir meiner auch«, antwortete Meike und lachte sofort. »Prost!«
Die Gläser klirrten, die Frauen tranken, lachten und sinnierten weiter über Männer, Beziehungen und Freunde und kümmerten sich zügig um den Rest in der Flasche. Der Nachmittag verging wie im Flug.

Wie verabredet, wartete Fatima am Parkplatz auf Ute und Meike. Bis zum ›Einundsechzig‹ war es noch ein gutes Stück und dafür trotz der Dunkelheit auch noch viel zu früh. Die Frauen begrüßten sich ausgiebig und zogen Richtung Altstadt, und natürlich drehte sich alles um Fatima.
»Jetzt erzähl' schon!«, forderte Ute sie ungeduldig auf. Ihr eigenes Leben verlief so durchgeplant und geradlinig, daß es ihr oft ein wenig langweilig vorkam. Umso größer war das Interesse an anderen Lebensweisen, und wenn sogar eine gute Freundin eine ebensolche pflegte, war das für sie natürlich noch spannender.
Fatima grinste wie ein kleines Mädchen und zog sich die Mütze weiter ins Gesicht. Sie rollte die Augen nach oben und war sichtlich glücklich. »Er ist so süß!«, sagte sie dann im Tonfall einer Teenagerin.
»Wieso? Was ist denn so süß?«, wollte Ute wissen.
Fatima zögerte einen Moment und zählte dann auf: »Er hat total schöne Augen, er ist lieb, zuvorkommend, ein echter Gentleman. Und –« Sie unterbrach sich, was die Spannung noch steigerte, »er hat begnadete Hände!«

Ute und Meike sahen sich an. »Hui!«, entkam es Meike. »Da werde ich ja fast eifersüchtig. Meiner hat zwar auch angenehme Hände, aber es ist lange her, seit er mir das das letzte Mal bewiesen hat.«
»Aber mal was anderes«, fing Ute an, als ihnen im selben Moment ein jüngerer Mann entgegenkam, dem aber keine der drei Frauen Beachtung schenkte. Als er genau in ihrer Höhe war, fragte Ute: »Hat er gesagt, daß er ein Kind hat?«
Der jüngere Mann warf den Frauen ein Grinsen zu, was zeigte, daß er den Satz gehört hatte. Schlagartig wurde Ute die Tragweite dieses Satzes bewußt und wünschte sich einmal mehr ein »Bearbeiten/Rückgängig«.

Als Marco schon drei, vier Schritte weiter war, steigerte sich sein Grinsen zu einem Lachen. Noch einmal drehte er sich nach den drei Frauen um – und die sich ebenfalls nach ihm. Alle vier lachten, Marco ging weiter. »Hat er gesagt, daß er ein Kind hat?«, wiederholte er leise für sich. »Die fängt was mit einem Typen an, der schon ein Kind hat und das der Neuen verschweigt. Sehr geil!«
Marco war auf dem Weg zu Yannick. Die beiden hatten sich zum Gitarrespielen verabredet. Marco wollte ein neues Stück ausprobieren, das er geschrieben hatte und brauchte Yannicks Baß.

»Komm rein, Alter!« Yannick gab Marco die Hand und einen freundschaftlichen Klaps auf den Oberarm. Yannicks Wohnung erinnerte eher an einen Proberaum oder ein Tonstudio als an eine Behausung, um darin zu wohnen. Das, was eigentlich das Wohnzimmer sein sollte, war vollgestellt mit Instrumenten. Auf dem Fußboden lagen Kabel und einige Geräte für die E-Gitarren, an den Wänden standen Keyboards und Verstärker, das Sofa verschwand unter Kabeln, liegenden Mikrofonständern, einem Laptop und allerlei Kleinkram. Natürlich wußten die Nachbarn, daß unter dem Dach ein Musiker wohne, den sie öfter hörten, als ihnen lieb war, aber Yannick hatte in erster Linie sich und seine Musik im Kopf. Er freute sich, mit Marco einen Gleichgesinnten zu haben. Was konnte es Schöneres und Entspannenderes geben, als sich an einem kalten Winterabend an die Gitarren zu machen und neue Stücke auszuprobieren? Yannicks normaler Job als Sachbearbeiter im Grünamt war für ihn weder befriedigend noch ausfüllend. Von der Musik allein konnte er noch lange nicht leben, aber ihm war klar, daß er diesen Bürojob an den Nagel hängen würde, sobald er mit seiner Musik den Durchbruch schaffen würde. Zwar war das Grünamt eine recht sichere Einnahmequelle, aber man konnte dort weder reich noch berühmt werden, und mit Klängen, Tönen, Noten und Melodien hatte seine Tätigkeit nicht das geringste zu tun.

Während Marco seine Jacke über einen Küchenstuhl warf, reichte ihm Yannick ungefragt eine Bierflasche. »Trinken wir erstmal einen. Prost!« Nach einem ordentlichen Schluck setzen sich beide auf die einzigen noch freien Sessel im Wohnzimmer. »Das hättest du miterleben sollen«, fing Marco an. »Zu geil!«
Yannick runzelte die Stirn. Er konnte Marco nicht folgen.
»Auf dem Weg hierher, sind mir in der Gerberstraße drei Hühner entgegengekommen. Vielleicht so Mitte zwanzig. Sagt die eine zur anderen ganz aufgeregt: ›Hat er gesagt, daß er ein Kind hat?‹«
Yannick riß die Augen auf und brach in Lachen aus. Marco lachte mit. »Überleg dir mal, was das bedeutet! ›Hat er gesagt, daß er ein Kind hat?‹ Hammer, oder?«
»Alter, wie geil!«, rief Yannick. »Die muß doch aus allen Wolken gefallen sein!«
»Anzunehmen«, sagte Marco und setzte die Flasche wieder an. »Stell dir vor, du hast da als Frau den

absoluten Traummann kennengelernt, und der verschweigt dir, daß er Kinder hat.«
»Assi«, war Yannicks Urteil. »Extrem assi. Aber leider sauwitzig!« Er und Marco prosteten sich erneut zu, tranken ihre Flaschen halb aus und gingen dann darin über, diesen Abend seiner Bestimmung zuzuführen. Es wurde ein langer Abend und weit nach Mitternacht, bis Marco ging.

Einziger Lichtblick im Grünamt war Yannicks Kollegin Tanja, eine unscheinbare Frau Mitte Dreißig mit blonden Haaren und einem Faible für ausladenden Schmuck. Im Gegensatz zu ihm ging Tanja an ihrem Arbeitsplatz vollkommen auf. Ihr machte es Spaß, Business-Klamotten zu tragen, Kaffee zu trinken und sich mit »Gehwegbegrenzungsgrün«, »Lichtsignalanlagen« und ähnlichen Kuriositäten zu beschäftigen.
Yannick erzählte von dem Vorabend und dem Besuch seines Freundes. »Stell dir vor, da sagt die doch im Vorbeigehen zu ihrer Freundin: ›Hat er gesagt, daß er ein Kind hat?‹«, und mußte wieder lachen.
Tanja sah ihn erschrocken an, kicherte dann aber auch. »Das hat sie gesagt?«
»Hat Marco erzählt. Muß wohl so gewesen sein. Die kamen ihm entgegen, und da sagte das die eine zur anderen. Also hat eine von denen was mit einem Mann angefangen, ohne daß der ihr verraten hat, daß er schon ein Kind hat.«
Tanja wühlte in ihrer Handtasche nach ihrem Handy. Dabei schimpfte sie: »Was für ein Schwein! Wie unehrlich! Wenn das meiner wäre, und ich würde das rauskriegen, dann wäre aber was los!«
Sie fand ihr Handy und hantierte damit herum. »Warte mal eben bitte, ich muß kurz meinen Bruder anrufen, wir wollten uns nächstes Wochenende treffen ...« Sie schien nicht mehr bei der Sache zu sein und sah Yannick nicht

mehr an. Ihre Aufmerksamkeit lag erkennbar auf dem Handy.
Yannick wandte sich wieder dem Bildschirm zu, griff nach der Maus und tat so, als würde er arbeiten.
Tanja blieb im Büro. Das blieb sie immer, wenn sie privat telefonierte, was öfter vorkam. Es störte sie nicht, daß Yannick ihre Gespräche mitbekam. Ebenso mangelte es ihr an Gespür dafür, daß ihn es vielleicht hätte stören können. Aber das tat es nicht.

»Huhu, ich bin's, grüß dich!«, flötete Tanja ins Handy und setzte sich auf ihren Platz.
»Tanja, ich kann gerade gar nicht«, versuchte ihr Bruder, sie loszuwerden. Er klang gestreßt, im Hintergrund war Verkehrslärm zu hören. »Ich hab's ein bißchen eilig.«
»Wieso?«, fragte Tanja, »was ist los?«
»Meine neue Freundin kommt nachher noch zu mir, und bis dahin muß ich zu Hause alles fertig haben.«
Tanja verstand nicht recht, was er meinte. Er hatte diese neue Freundin zwar schonmal erwähnt, aber Tanja hatte sie bislang noch nicht kennengelernt. Sie bedauerte das, immerhin wußte sie von den schwierigen Beziehungskisten ihres Bruders. »Wie, ›alles fertig‹? Was meinst du damit?«, fragte sie.
»Tanja, bitte. Ich kann das auf die Schnelle nicht erklären. Es muß alles so aussehen wie jetzt. Das Spielzeug muß verschwinden.«
Der Verkehrslärm ließ nach.
»Paß auf, ich ruf dich an, ja?«, sagte er. Seine Stimme klang hallig, als habe er ein großes Gebäude betreten. Gleichzeitig war helles Geschrei zu hören. »Warte mal bitte kurz«, bat er, und sagte dann, hörbar nicht zu Tanja, sondern zu jemand anderem: »Elias, du kleiner Bär! Kommst du? Der Papa wartet!«

Thora

1

Trab an, Klappstuhl!«

Heiko kommt mal wieder schnell auf den Punkt. Vor zehn Jahren noch hätte er es sich nicht getraut, so mit mir zu sprechen. Oder mir etwas zu befehlen. Wobei seine Ansage weniger als Befehl zu verstehen ist als viel mehr als Wunsch nach Gesellschaft. Nach *meiner* Gesellschaft. Damals waren wir beide neu in dieser Stadt, ich noch mehr als er. Er lebte da schon zwei Jahre hier, aber ich erst ein halbes. Wir haben uns in der Redaktion kennengelernt. Er arbeitete im Kulturressort, ich in dem für Wirtschaft. Da gab es immer mal wieder Anknüpfungspunkte. Es ging um die Neuregelung der Zuschüsse für die Musikschule. Die alter Leier: Keiner hatte Geld, aber alle wollten die Schule erhalten. Parallel dazu ging es um den Bau des neuen Museumspavillons, der sich endlos verzögerte und bei dessen Finanzierung vieles schiefgegangen war, weil der damalige Bauleiter seine Finger nicht von der Kasse lassen konnte. Oder so etwas in der Art; ich weiß die Einzelheiten heute nicht mehr. Beides waren Riesenthemen damals, an denen wir als Journalisten nicht vorbeikamen. Den ein oder anderen Artikel hatten Heiko und ich gemeinsam geschrieben. Mal mehr als kultureller, mal mehr aus wirtschaftlicher Sicht.

An einem Mittwoch fragte er mich nach Feierabend, ob wir uns zusammen eine Pizza vom Italiener gegenüber holen wollten. Er hatte mich dann mit zu sich nach Hau-

se eingeladen. Heiko macht das bis heute nur äußerst selten. Also Arbeitskollegen zu sich nach Hause einzuladen. Das wußte ich damals aber nicht. Für mich war das normal, weil zu dem Zeitpunkt mein Freundeskreis immer aus Kollegen bestanden hatte.
Heiko hatte eine geschmackvolle große Altbau-Wohnung in der Großherzog-Friedrich-Straße mit einem dunkelbraunen Ledersofa und einer Jukebox. Noch eine richtig alte aus den 50ern mit Single-Schallplatten. Ich war von allem sehr beeindruckt, weil mir dieser Stil gefiel. Er deckte sich ein wenig mit meinem. Für eine Jukebox hatte ich zwar nicht den Platz, dafür aber für alte Emailwerbeschilder, die bei mir zu Hause an den Wänden hingen.

Ich weiß heute nicht mehr, worüber wir uns damals unterhalten haben. Ich kann auch den Verlauf unserer Freundschaft gar nicht genau nachvollziehen, aber das ist auch nicht wichtig. Sie dauert jetzt schon so lange an, wie ich in dieser Stadt lebe, also seit elfeinhalb Jahren. Mittlerweile sind wir beide umgezogen, und Heiko wohnt jetzt in ein einem Haus auf dem Eschberg. Vor Ewigkeiten lebte dort mal eine Bildhauerin, die im Erdgeschoß ihre Werkstatt hatte. Ein paar der früheren Relikte sind übriggeblieben: ein Deckenkran und eine wuchtige und uralte Schreiner-Werkbank, an der praktischerweise ein Flaschenöffner angeschraubt ist. Das Industrie-Flair blieb diesem Raum dadurch erhalten. Heiko nennt ihn »Atelier« und nutzt ihn als Wohn-, Sitz- und Trinkzimmer. Natürlich hat auch die Jukebox dort ihren Platz, gleich neben der Sitzecke aus roten Cocktail-Sesseln.

»Na, du Aaronaut!« Heiko grinst bis über beide Ohren und nimmt mich freundschaftlich in den Arm. Mit einem Auge schiele ich auf den Nierentisch, der etwas abseits in der Sitzecke steht. Darauf erkenne ich eine Snack-Schale und zwei braune Flaschen. War klar, daß er schon anfangen hatte. Die Jukebox ist eingeschaltet und taucht das Atelier in gelbliches Licht. Die für meinen Geschmack gewöhnungsbedürftige Downbeat-Musik kommt aber aus den Aktivboxen im Regal gegenüber und ist, wie so oft, etwas zu laut für eine Unterhaltung, was Heiko aber nicht zu stören scheint.

»Willste 'n Bier?«, fragt er und hat den Griff der Kühlschranktür schon in der Hand.

»Aber immer!«

Heiko kommt mit zwei Flaschen zurück, hebelt beide an dem Werkbank-Flaschenöffner auf und drückt mir eine in die Hand. Es tut gut, wieder hier zu sein. Ich weiß, daß ich hier Privilegien genieße und einer der wenigen bin, die überhaupt herkommen dürfen. Umgekehrt gilt das genauso. Wenn man beruflich in der Öffentlichkeit steht und viele Leute einen kennen (oder glauben, einen zu kennen, was weitaus schlimmer ist), legt man im Privatleben Wert auf etwas Zurückgezogenheit.

»Deine Nachricht hörte sich ja dringend an«, sagt Heiko, beugt sich vor und stellt die Flasche ab.

»Ach, na ja …«, setze ich an und überlege kurz, was Heiko offenbar für einen Eindruck gewonnen hat, nachdem ich ihm von der Mail erzählt habe, die mich meinerseits erreicht hat. »Dringend vielleicht nicht gerade, aber es wühlt mich halt auf. Ich hätte nie damit gerechnet, daß mich dieses alte Thema mal einholen würde.«

Heiko sagt nichts, sondern sieht mich erwartungsvoll an. Das ist ein Journalisten-Trick, den man eigentlich bei Interviews anwendet, wenn man etwas herausfinden will, sich der Interview-Partner aber ziert: Man stellt eine Aussage oder These in den Raum, die der andere bestätigen oder dementieren, in jedem Fall aber erklären muß. So gelangt man an Informationen, ohne direkt danach zu fragen. Ich kenne diesen Trick natürlich, weil ich ihn selbst schon unzählige Male angewendet habe, aber in diesem Moment kann ich Heiko den Versuch verzeihen. Ich bin ihm ja dankbar, daß ich damit überhaupt zu ihm kommen kann, denn für gewöhnlich mögen wir beide es nicht, wenn sich andere Leute bei uns ausheulen, anstatt die Lösung ihrer Probleme selbst anzugehen.

»Ich habe eine Mail von Thora bekommen. Einfach so, aus heiterem Himmel«, sage ich und nehme einen großen Schluck Bier. Heikos nichtssagenden Blick fange ich durch eine Nachfrage ab: »Habe ich dir mal von ihr erzählt?«

»Nicht, daß ich wüßte.«

Das denke ich mir. Diese Geschichte habe ich bis dahin auch lieber für mich behalten, weil sie sehr persönlich ist, niemanden etwas angeht, mit der Gegenwart nichts zu tun hat und … nun ja … Wer gibt schon gerne Schwäche zu? Was früher war, das läßt sich ohnehin nicht mehr ändern. Warum also in der Vergangenheit wühlen? Thoras überraschende Mail hat dieses Prinzip gehörig durcheinandergebracht.

Ich hole tief Luft, lehne mich zurück und überlege, wie ich anfangen soll.

»Im März 1991 kam ich auf eine andere Schule. Halbjahreswechsel der fünften Klasse. Eigentlich wäre das gar nicht gegangen, so mitten im Schuljahr, aber auf der alten Schule konnte ich nicht bleiben, die hatte mich wahnsinnig gemacht. Ich wurde ständig gehänselt und verprügelt. Den Begriff ›Mobbing‹ gab's damals noch nicht, und man ist mit dem Thema längst nicht so offen umgegangen wie heute. Und an dieser Möchtegern-Eliteschule schon gar nicht. Das durfte es nicht geben, weil es ihren ach-so-guten Ruf beschädigt hätte. Also wurde es heruntergespielt und totgeschwiegen. Diese Schule war die Hölle. Also weg von da. Die neue war eine Gesamtschule, ein Riesending mit weit über tausend Schülern und ungefähr zweihundert Lehrern. Von Proleten bis Oberbonzen war dort alles versammelt, was es für mich als typisches Mittelschicht- und Scheidungskind einfacher gemacht hat. Aber wie überall galt auch damals und in dieser Schule das Prinzip: Der erste Tag ist immer scheiße.«

2

März 1991, Montag, 10 Uhr

»Wir machen folgendes, Aaron: Wir gehen jetzt zusammen in die Klasse. Dann stelle ich dich den anderen vor. Da sind ein paar Rabauken dabei. Ich würde dir raten, dich von denen fernzuhalten, aber das wirst du selber herausfinden. Am besten orientierst du dich an den Jungs, die etwas stiller sind. Florian zum Beispiel oder Sascha.«
Frau Zapp sagte das mit einer Gelassenheit, die ich von Lehrerinnen nicht kannte. Bis zu dieser Begegnung hatte ich Vertreterinnen dieses Berufsstands als matriarchalische Furien erlebt, die Schüler grundsätzlich als Feinde betrachteten und sie entsprechend dieser Vorstellung behandelten. Frau Zapp dagegen, eine schlanke hochgewachsene Frau von vielleicht Anfang vierzig und einer großen 80er-Jahre-Brille, war aus völlig anderem Holze: die Ruhe selbst, verständnisvoll und einfühlsam. Heute würde ich sagen, daß sie eine der besten Lehrerinnen meiner ganzen Schulzeit war.

Sie nahm ihre Tasche und machte sich auf dem Weg. Im Umdrehen warf ich meiner Mutter noch einen schnellen Blick zu. Sie winkte mir und ließ mich spüren, daß es die richtige Entscheidung war, diesen Schritt unternommen zu haben. Trotzdem: Nun im Schlepptau der fremden

Lehrerin durch fremde Gänge in einem fremden Gebäude zu gehen, war mir unangenehm.

»Das hier ist der D-Bau«, sagte Frau Zapp. »Alle Räume, die mit D anfangen, sind hier. Deine Klasse ist in D 217. Das ist oben im zweiten Stock.«

Ich ließ das unkommentiert und folgte Frau Zapp über die Treppe und in den nächsten Gang. Das Gebäude kam mir vor wie ein Labyrinth. Wahrscheinlich hätte ich in diesem Moment das Lehrerzimmer nicht mehr alleine gefunden. Schließlich standen wir vor einer orangefarbenen Tür, die mit »217« beschriftet war.

»Da drinnen wird Chaos sein. Wie immer, wenn die Pause zu Ende geht. Da darfst du dir nichts draus machen«, sagte Frau Zapp und drückte die Tür auf. Sie hatte nicht zuviel versprochen. Das Bild, das sich mir bot, kannte ich aus der Grundschule: Einige rannten und schrien durcheinander, einer stopfte sich den Rest seines Pausenbrots in den Mund, andere hockten auf Stühlen oder Tischen. Die waren zu Sechsergruppen zusammengestellt. Auch das war mir neu. An der KFS saßen wir in Hufeisen-Formation, und daran wurde auch nichts verändert.

Frau Zapp stellte sich hinter das Lehrerpult und klatschte in die Hände. Nach und nach spürte ich immer mehr Blicke auf mir. Die Meute schien verstanden zu haben, daß an diesem Tag etwas anders sein würde als sonst. Am liebsten wäre ich sofort wieder rausgerannt.

Als nach ein paar Sekunden tatsächlich so etwas wie Ruhe eingekehrt war und sich meine neuen Mitschüler auf ihren Plätzen verteilt hatten, hob Frau Zapp den Kopf leicht an und sagte mit derselben Gelassenheit wie vor fünf Minuten: »Ich möchte euch jetzt euren neuen Mitschüler vorstellen, das ist der Aaron. Der Aaron kommt von der KFS und war dort schon in der sechsten Klasse. Das heißt, daß er etwas älter ist als die meisten von euch und er bei manchen Dingen weiter ist als wir. Ich möchte,

daß ihr ihn mit in unsere Klassengemeinschaft aufnehmt.«
Schweigen.
Geraschel.
Getuschel.
Ich hörte meinen Herzschlag und schaute sie mir an, alle einzeln. Die »Rabauken«, wie Frau Zapp sie genannt hatte, fielen mir als erstes auf. Man sieht den Quatschmachern an, daß sie welche sind. Beinahe im selben Moment entschied ich für mich, nicht dazugehören zu wollen. Sie waren aus einem anderen Holze als ich. Den Gefallen, um den Frau Zapp mich gebeten hatte, würde ich ihr wohl machen können.
Vom Pult aus gesehen links befand sich eine Sitzgruppe, an der nur Mädchen saßen. Sie glotzten mich genau so erwartungsvoll an wie alle anderen. Sie wirkten anständig, gepflegt und irgendwie normal. Mir kam das sehr gelegen. Auf Etepetete-Millionärs-Töchterchen mit Nachnahmen, die mit »von« oder »zur« anfingen, wie ich sie von der KFS kannte, konnte ich gut verzichten. An einem dieser Mädchen blieb mein Blick hängen. Ich weiß bis heute nicht, warum. Sie hatte rötlich-braune Haare ohne erkennbare Frisur, hellblaue Augen, Sommersprossen und nur ein weißes unbedrucktes T-Shirt an. Kein prolliger Marken-Pullover, kein selbstdarstellerischer Gesichtsausdruck, keine Anzeichen von Reichtum oder Standesdünkel. Alles andere als auffällig, und vielleicht gerade deshalb für mich so interessant. In ihrem Blick standen Fröhlichkeit und etwas Magisches, das ich nicht hätte beschreiben können. Ich war von dieser Sekunde an von dem Mädchen fasziniert und mochte es sofort, obwohl ich noch kein Wort mit ihm gewechselt hatte.

Frau Zapp machte ein paar Schritte auf eine Sitzgruppe rechts der Raummitte zu und deutete auf einen Stuhl, auf dem ein Rucksack stand. »Wer sitzt da?«, fragte sie den Jungen, der daneben saß.

»Mein Ranzen.«

Frau Zapp gab einen Laut der Ablehnung von sich und machte eine winkende Handbewegung. »Aaron«, sagte sie und drehte sich zu mir, »setz dich erstmal hierhin. Wir werden sehen, ob wir das so lassen oder einen anderen Platz für dich finden.«

Das war also der Tag, an dem ich Thora zum ersten Mal sah. Zu diesem Zeitpunkt konnte ich nicht ahnen, daß mich der Name und das Mädchen, zu dem er gehörte, weit über zwanzig Jahre hinweg beschäftigen würden.

3

Thora war eine Mitläuferin. Im Zusammenhang mit ihr hatte ich mal den Begriff »Mauerblümchen« aufgeschnappt. Den fand ich einerseits zutreffend, andererseits verletzend, und ich hoffe bis heute, daß sie nicht weiß, daß man ihr so etwas nachsagte. Thora reihte sich ein in eine Clique aus Mädchen der oberen Mittelschicht, aus Annette und Denise, Christiane und Vanessa. Die waren die Treiber, aber Thora lief so mit. Sie war nie eine von den Coolen, heftete sich aber an deren Fersen, um in ihrem Fahrwasser mitzuschwimmen. Aber eigentlich interessierte sich niemand für sie. Ihre Haare sträubten sich, einen erkennbaren Schnitt anzunehmen. Sie gab sich auch keine Mühe mit Zöpfen, Schmuck oder Kleidung. Anfang der 90er war es schwer modern, mit sauteuren Klamotten herumzulaufen, auf denen dick und fett der Markenname stand. Bei mir gab es das nicht, weil sich meine alleinerziehende Mutter so etwas nicht leisten konnte, und Thora habe ich nie mit Markenklamotten gesehen. Im Gegenteil:

Sie trug Sachen aus dem Quelle-Katalog. Ich erkannte die, weil der bei uns zu Hause auch herumlag und ich wußte, wie das aussah, was man dort bestellen konnte. Manches war ganz süß, anderes wirkte wie gewollt und nicht gekonnt. Ein weiterer Stein, den sie bei mir im Brett hatte. Nur dieses freiwillige Zurückstellen in die zweite oder dritte Reihe fand ich schade. Ich hätte ihr gegönnt, wenn sie sich getraut hätte, in ihrer Clique selbst mal das Kommando zu übernehmen und zu zeigen, was in ihr steckte, aber das tat sie in den ganzen Jahren nur ein einziges Mal. Sie blieb zurückhaltend, heftete sich an die anderen ran und tat, was die Peergroup von ihr erwartete. Mir selbst ging es ähnlich. Die Chaoten übten eine magische Wirkung auf mich aus, aber ich spürte auch schnell, daß man bestimmte Dinge tun mußte, um Anerkennung zu gewinnen. Das waren manchmal auch Dinge, die ich freiwillig und wenn ich alleine war, nie getan hätte. Aber Gruppendynamik von Kindern oder Jugendlichen ist nicht zu unterschätzen. Das Schwierige ist nur: Den Erwachsenen bleibt sie oft verschlossen. Die wissen nicht, was ihre Kinder untereinander so treiben.

An Thoras und meinem Status änderte sich auch in den folgenden Jahren nicht viel. Nach der Sechsten wechselten wir beide in den Gymnasialzweig und kamen in dieselbe Klasse, in der wir auch bis zum Abitur blieben. Ich verliebte mich in Christiane, Sandra, Julia, Meike, Sabine, Jessica und wie sie alle hießen.
Und in Thora.
Und zwar immer wieder aufs neue. Für Thora entwickelte ich Gefühle, die es bei den anderen nicht gab. Ich fühlte mich auf eine seltsam intensive Weise von ihr angezogen, aber ich wehrte mich auch dagegen. In Thora verliebte man sich nicht. In Denise vielleicht oder in Annette, aber doch nicht in Thora! Mir war klar: Wenn herauskam, daß ich was von der Außenseiterin Nummer Eins wollte,

dann wäre ich bei meinen Kumpels ganz schnell unten durch gewesen. Deshalb behielt ich meine Begeisterung für Thora für mich allein und versuchte immer wieder, sie mir selbst auszureden, aber es gelang mit nicht. Ihre Ausstrahlung erregte mich. Ich weiß nicht, wie sie es machte und was es war, das mich so empfinden ließ, aber sie versprühte den puren Sex. Außerdem fand ich ihre Schwächen liebenswürdig. Diese Haare, die immer leicht gewellt langweilig herunterhingen, ihre niedlichen Sommersprossen und die etwas schiefen Zähne. Sie war verpeilt und manchmal ein bißchen weltfremd. Und sie hatte einen wahnsinnig verschweinten Humor, der mir sehr imponierte, aber es gab kaum Gelegenheiten, in denen sie ihn mal rauslassen konnte. Stille Wasser sind tief. Ich hielt das damals für einen Spruch. Heute weiß ich, daß darin viel Wahrheit steckt. Auf Thora paßte er wie die Faust aufs Auge.

Wir verliebten uns abwechselnd in einander, immer im Versatz. Mal wollte sie was von mir, ich aber nicht von ihr. Dann wollte ich was von ihr, sie aber nicht von mir. Jedes Mal, wenn ich mit einer anderen Liebschaft mal wieder eine Bauchlandung erlitten hatte, kam ich zu Thora zurück und spürte, daß sie es war, der mein Herz gehörte. So ging das über Jahre. Ich liebte sie. Es war nicht nur ein Verliebtsein, es war Liebe. Das sage ich auch heute, fünfundzwanzig Jahre später. Der Volksmund sagt: »Was sich liebt, das neckt sich«. Ich glaube, wenn man danach geht, dann haben wir beide uns gegenseitig abgöttisch geliebt. Von Necken konnte da keine Rede mehr sein.

Thora war ein beliebtes Opfer für Spott und üble Späße. Einige machten sich über ihren eigenwilligen Kleidungsstil lustig, andere über ihren Rucksack. Ich hatte nicht die Stärke, mich gegen alle zu stellen und Thora in Schutz zu nehmen. Den Status als Trittbrettfahrer hatten wir gemeinsam, und ich hatte selbst oft damit zu kämpfen, meinen Platz in der Gruppe zu verteidigen. Da nützte es mir wenig, daß ich älter war als die meisten in unserer Klasse. Ich war mindestens einen halben Kopf kleiner und körperlich schwächer. Auch ich hatte es oft abgekriegt. Von meiner Zeit auf der alten Schule war ich noch gebrandmarkt und hatte dort gelernt, das Maul zu halten. Thora zu verteidigen, hätte mich zum einen selbst wieder in die Schußlinie befördert und zum anderen Verliebtheitsgerüchte provoziert. In dem Alter sind Jugendliche halt kindisch, und wenn sich ein Junge für ein Mädchen starkmacht, oder umgekehrt, dann ist das natürlich sofort Anlaß für weiteres Gehänsel. Also sagte ich nichts und hielt mich heraus, wenn Thora es wieder einmal abbekam.

Eines Tages kam sie mit dem Fahrrad an und hatte auf dem Gepäckträger einen großen verschließbaren Container aus schwarzem Hartplastik mit abgerundeten Ecken. Das sah reichlich albern aus. »Für den Fahrradhelm«, erklärte sie, als wir danebenstanden. Niemand hatte damals so etwas. Fahrradhelme waren noch längst nicht so verbreitet wie heute und ein ungewohntes Bild, über das man sich als Jugendlicher lustigmachen konnte. Wahrscheinlich hatte sie beides, Helm und diesen Behälter, zum Geburtstag oder zu Weihnachten bekommen oder weil sie so ein liebes Kind war. Auf jeden Fall war sie mächtig stolz darauf. Daß sie sich damit aber vollkommen lächerlich machte, merkte sie nicht.
Einer aus unserer Gruppe trat vor und sagte: »Na, Thora, was haste denn da? Ich teste mal, wie stabil das ist.« Dann ballte er die Faust und schlug volle Kanne auf den Behälter, der sofort ein schepperndes Geräusch von sich gab. Thora protestierte, aber der Junge sagte nur abfällig: »So ein Scheißding!«

Und ein anderer: »Da hat der Papi seiner Thora einen Fahrradhelm gekauft, wie süß!«
Lachen ringsum. Ich stand mittendrin und fand es ganz cool, daß es mal nicht gegen mich ging. Ich kannte solche Demütigungen von früher und fühlte mich sofort in meine Zeit auf der KFS zurückversetzt. Ich wußte genau, wie sich das anfühlte. Wenn man gegen eine Überzahl ankämpft und sowieso schon verloren hat.
Wenn man sich einschüchtern läßt und nicht den Mumm hat, sich zur Wehr zu setzen.
Wenn einem die passenden Konter-Sprüche nicht einfallen.
Wenn man Angst hat, daß gleich etwas viel Schlimmeres passieren würde und man vielleicht auch von solchen Mitschülern erniedrigt oder körperlich angegriffen wird, die man eigentlich mag – das ist die schlimmste Demütigung von allen!
Daß ich nun ausnahmsweise mal auf der anderen Seite stand und einer von den Starken war, ohne etwas dafür tun zu müssen, fühlte sich gut an. Ich machte nicht aktiv mit, aber ich unternahm auch nichts, um Thoras Entwürdigung zu verhindern.

Thora wollte sich abwenden und hatte ihr Fahrradschloß schon in der Hand, ein Bügelschloß in U-Form. Einer riß es ihr mit den Worten »Zeig mal!« aus der Hand.
»Gib das her!«, rief sie und rannte dem Kerl hinterher, aber außer Gelächter bekam sie nichts. Der Junge wedelte mit dem geöffneten Schloß in der Luft herum, und Thora versuchte, danach zu schnappen. Ein anderer stellte sich hinter sie, griff mit beiden Armen von hinten um ihren Bauch und rief: »Ich hab' sie!«
Thora zappelte und schrie, konnte sich aus dem Klammergriff des anderen aber nicht befreien. Er schleppte sie, natürlich begleitet von Gejohle und Anfeuerungsschreien der anderen, von den Fahrradständern weg zurück auf

den Gehweg an ein Straßenschild. »Mach sie fest!«, rief er und zog Thora gegen den Mast. Der andere kam mit dem geöffneten Schloß grinsend auf Thora zu. Die trat nach ihm, hatte aber keine Chance. Inzwischen waren zwei weitere Jungs gekommen, die Thora am Schildermast festhielten, und wenige Sekunden später machte es »Klick!«. Das Schloß paßte perfekt, wie gemacht für einen menschlichen Hals. Thora griff danach und versuchte, sich aus ihrer Gefangenschaft zu befreien, aber es war nutzlos. Ihr Kopf war zu breit, ihre Kieferknochen zu hart.

»Ihr Arschlöcher!«, rief sie. »Macht das auf! Laßt mich hier raus!«

Aber je mehr sie zappelte und jammerte, desto größer wurde das Gelächter der anderen. Sie hielten ihr ihren eigenen Schlüsselbund vor die Nase und zogen ihn jedes Mal weg, wenn Thora danach schnappte. Sie packten das Schloß und drehten es um den Schildermast herum, was Thora natürlich dazu zwang, im Kreis mitzustolpern, bis ihr schwindelig wurde und sie beinahe gekotzt hätte. Ich stand dabei und fand es ein bißchen geil. So sah es also aus, wenn man jemanden fertigmachte. Wenn einer in einer ausweglosen Situation gefangen und auf Gedeih und Verderb von dem Gutdünken Anderer abhängig war. So mußte es auch für meine Peiniger ausgesehen haben, als ich noch das Opfer war.

Ich weiß heute nicht mehr, wer Thora aus dem Schloß befreit hat. Ich war es jedenfalls nicht.

4

Aber auch Thora ließ keine Gelegenheit aus, mich zu provozieren oder mit meinen Schwächen aufzuziehen.

Besonders gerne tat sie das, wenn sie spürte, daß ich gerade mal wieder etwas von ihr wollte. Was für sie leicht zu erkennen gewesen sein mußte, denn ich machte nie einen Hehl aus meinen Liebschaften. Die Betroffene wußte recht schnell, wenn sie die Auserwählte war, aber jede Einzelne von ihnen ließ mich abblitzen. War das der Fall, konnte Thora sicher sein, daß ich mich unmittelbar danach wieder auf sie zurückbesonnen hatte. Nur war sie genau zu diesen Zeitpunkten eben nicht an mir interessiert. Also war für sie klar, daß sie ganz leicht meine Aufmerksamkeit bekommen konnte und ich ihr aus der Hand fraß. Das nutzte sie für Erniedrigungen ihrerseits.

Über irgend etwas hatte ich mich aufgeregt. Ich weiß nicht mehr, über was. Thora trug an diesem Tag eine knallrote Cord-Latzhose, der mir wahnsinnig gut gefiel. Thora allein war für mich schon eine Augenweide, aber mit dieser Latzhose sah sie echt sexy aus. Sie stand mit Annette, Denise, Julia und einigen anderen Mädchen aus meiner Klasse zusammen. Es war das einzige Mal während der gesamten Schulzeit, daß sich Thora an die Spitze der Gruppe stellte und das Ruder übernahm. Sie machten sich über mich lustig und lachten mich aus, und ich weiß noch, daß ich Mühe hatte, mir die Pein nicht anmerken zu lassen, was mir natürlich nicht gelang. Es kränkte mich, daß mir Thora in diesem Moment so weh tat und dabei ganz offensichtlich Spaß hatte. Von jemandem verletzt zu werden, der einem nichts bedeutet, ist für mich aushaltbar. Aber wenn man für denjenigen etwas empfindet und noch dazu weiß, daß der es nur macht, um sich gegenüber anderen zu profilieren, dann trifft einen das.

Thora trat einen Schritt nach vorne und baute sich vor mir auf: »Ooooh, der kleine Aaron! Jetzt weiß er gar nicht, was er sagen soll!« Die anderen Hühner gackerten.

»Ihr blöden Ziegen!«, schimpfte ich. »Haltet die Fresse und geht euch schminken! Damit habt ihr genug zu tun!« Aber Thora und die anderen beeindruckte das überhaupt nicht, so daß ich mit meinem Beleidigungs-Latein schnell am Ende war. Inzwischen hatten auch einige der Jungs mitbekommen, daß ich von Mädchen (von Thora!) in die Zange genommen wurde und kamen dazu, was die Peinlichkeit weiter antrieb. Ich stand mit dem Rücken an der Wand.

»Der arme Aaron«, sagte eine der anderen spöttisch, »gleich weint er!«
Thora formte ihre linke Hand zur Faust und hielt sie senkrecht vor sich. Sie knickte den Zeigefinger der anderen Hand ein und legte ihn auf die Oberseite der Faust. Dann sagte sie mit sarkastischem Unterton: »Kommt, eine Dose Mitleid für Aaron«, tat so, als hebelte sie mit dem Zeigefinger die Getränkedose auf, die sie mit der linken Hand nachahmte und machte dabei: »Pfffft!«, und alle gleichzeitig: »Ooooooohhhh!«
Zugegeben: Ein gelungener Gag! Die Mädchen brachen in Lachen aus, und die Jungs kicherten ebenfalls. In diesem Moment wurde Thora zur Königin der ganzen Klasse. Mir stieg die Hitze in den Kopf.

»Oooh, guckt mal, wie rot der wird!«, rief Annette feixend. »Oh, wie süüüß, der kleine Aaron glüht ja richtig«, kam es von einer anderen, und einer der Jungs rief von hinten: »Aaron, Fireball!«, was die Mädels in ihrem albernen Gelache natürlich noch weiter anstachelte.
»Mensch, Thora«, sagte Julia schockiert, »der wird so rot wie deine Hose! Was hast du mit dem gemacht? Du bringst den ja fast zum Heulen! Geil!«
Natürlich war ihr das gelungen. Bei jeder anderen wäre ich gelassener geblieben, aber ausgerechnet von dem Mädchen gedemütigt zu werden, das ich so liebte, zeigte

Wirkung. Schließlich wußte Thora, daß ich was von ihr wollte und sie mich an einer ganz empfindlichen Stelle traf. Das nutzte sie in vollen Zügen aus.

»Was heißt hier ›fast‹?«, sagte Thora herablassend, »Der ist in mich verknallt, aber ich mach' den zur Schnecke! Am liebsten würde ich ihm jetzt voll eine schmieren. Ich hab' so richtig Lust dazu.«

»Dann mach doch«, sagte Annette. »Los, schmier ihm eine. Hau ihm eine runter!«

»Aber richtig feste!«, kam es von Denise, und schon feuerten alle sie an: »Tho-ra, Tho-ra, Tho-ra!«

Das ließ sich Thora nicht zweimal sagen. Noch bevor ich einlenken konnte, stellte sie sich breitbeinig vor mich, holte aus und verpaßte mir vor der ganzen Klasse eine Ohrfeige mit einer Wucht, die ich dieser Außenseiterin niemals zugetraut hätte. Mein Kopf wurde herumgeschleudert. Alles, was ich noch verschwommen erkennen konnte, war das Rot von Thoras Latzhose. Für eine Sekunde lag Stille im Raum. Dann hörte ich Annette erschrocken sagen: »Oh Gott, die macht das ja wirklich!« Und schon knallte es ein zweites Mal auf die andere Seite. Meine Wangen standen in Flammen. Ich zitterte, während alle über mein Elend und meine Erniedrigung lachten. In meiner Nase gab es ein Stechen, meine Augen wurden feucht.

»Boah, du bist so geil, Thora«, kam es von Julia. Sie lobten Thora und klopften ihr anerkennend auf die Schultern. Thora strahlte vor Befriedigung. Ich stand da wie ein Jammerlappen. Aaron, der sich von einem Mädchen schlagen ließ und sich noch nicht einmal gegen Thora durchsetzen konnte. Ausgerechnet Thora, die selbst mehr als genug Angriffsfläche bot. Bevor noch etwas passieren konnte, tönte der Gong, und im selben Moment betrat der Lehrer den Klassenraum. Selten, daß ich mich so freute, einen Lehrer zu sehen. Dieser Diss hatte Thora in der ganzen Klasse und besonders in der Mädchen-Clique einen gewaltigen Schub Respekt verschafft.

Es waren nicht nur die Gemeinheiten dieser Hausnummer, mit der wir uns gegenseitig das Leben schwermachten. An einem Tag im Frühling 1994 regnete es seit Stunden wie aus Eimern. Als die Schule aus war, stand Thora neben ihrem Fahrrad und wirkte, als wartete sie auf jemanden. Das Wasser hatte ihre Jeansjacke schon fast schwarz verfärbt, es lief in Bächen ihr Gesicht herunter, ihre Haare sahen aus, als käme sie gerade aus der Badewanne. Thora mit nassen Haaren, ein seltener Anblick. Mir gefiel das, ich fand das erotisch und hätte dieses Bild gerne länger genossen. Ich selbst hatte einen Schirm dabei und meinen Regenmantel an und somit allen Grund, ihr eine lange Nase zu machen. Ich stolzierte an ihr vorbei und warf ihr zu: »Na, Thora? Wer im Regen steht, wird schön, was?« Noch ehe sie darauf etwas sagen konnte, legte ich nach: »Da kannst du aber lange stehenbleiben!«, und ging grinsend weiter.

So ging es etwa bis 1996, also bis zur zehnten Klasse. Die Demütigungen verlagerten sich in Richtung dummer Sprüche, die mit der Zeit etwas an Schärfe und Häufung nachließen. Meine Liebe zu Thora war dagegen ungebrochen, und auch sie flirtete immer wieder mit ihr – ähnlich unbeholfen.

Wir hatten eine Freistunde und saßen zusammen mit einigen anderen auf dem Schulhof im Kreis. Thora war direkt links neben mir. Aus ihrem Rucksack kramte sie eine Brezel, brach sie in zwei Hälften und biß in die eine. Andere in der Runde steckten sich Zigaretten an und fingen an, sich locker zu unterhalten. Nach einer Weile holte jemand einen Stapel Spielkarten heraus und schlug ein Rollenspiel vor. Ich weiß nicht mehr, wie im einzelnen das ablief, aber auf den Karten standen Aufgaben, die man zu erfüllen hatte. Das waren natürlich fast alles welche aus der Schublade »Ringelpiez mit Anfassen«, wofür man sich nur begeistern kann, wenn man ungefähr fünfzehn oder sechzehn Jahre alt ist und gerade herausfindet, daß das, was man da zwischen den Beinen hat, mehr kann als nur pinkeln. Als ich an der Reihe war, lautete meine Aufgabe: »Der Sitznachbar zu deiner Linken nimmt eine Erdbeere zwischen die Zähne. Beiß sie ab!« Ein Gejohle ging durch die Runde, und mir stieg die Röte ins Gesicht. Ich sollte Thora küssen? Niemals! »Jawoll, Aaron!«, rief eine. Auch Thora nahm einen warmen Rotton an, aber sie schien sich direkt darauf zu freuen und fragte ganz aufgeregt, als könne sie es kaum erwarten: »Hat einer von euch Erdbeeren dabei?« Natürlich hatte niemand welche.

»Tja«, sagte ich erleichtert, »dann kann ich diese Aufgabe leider nicht erfüllen.«

Die anderen wollten das nicht zulassen. »Nix da, Aaron! Jeder muß, du auch! Du drückst dich jetzt nicht!«

»Aber es heißt: ›Erdbeere‹, und wir haben keine. Also geht das nicht.« Das war natürlich eine Ausrede. Niemals hätte ich es mich getraut, mich Thoras Mund zu nähern und ihre Lippen zu berühren, und schon gar nicht vor allen anderen. Es war anzunehmen, daß die längst von unserer gegenseitigen Geilheit aufeinander wußten, aber diese Blöße konnte ich mir unmöglich geben. Daß wir keine Erdbeeren hatten und sich so schnell auch keine besorgen ließen, beruhigte mich, aber ich hatte die Rechnung ohne Thora gemacht.

»Ich hab' eine Idee!«, rief sie. Sie brach ein Stück ihrer Brezel ab und steckte es sich zwischen die Zähne. »Sehr gut, Thora!«, rief eine der anderen. »Jetzt aber! Los, Aaron! Beiß es ab!«

Thora drehte sich in meine Richtung und beugte sich zu mir herüber. Das Brezelstück klemmte zwischen ihren

Schneidezähnen, ihre Lippen hatten die Form einer Ellipse, in ihrem Blick stand Lust.
Ich konnte nicht. Ich habe es nicht hingekriegt. Ich hätte gerne, aber ich konnte nicht. Nicht vor allen anderen. »Nein«, sagte ich und schüttelte den Kopf. »Mach' ich nicht.«
Die anderen stöhnten. »Öööh, Spielverderber!«, sagte eine, und ein anderer: »Du willst es doch auch!« – »Klar«, meinte sein Sitznachbar, »der wartet doch schon ewig drauf. Und jetzt, wo der könnte, zieht er den Schwanz ein.«
Thora schloß frustriert die Lippen und kaute lustlos auf dem Brezelstück herum. Ich fühlte mich schuldig und schlecht, weil mir klar war, daß ich sie enttäuscht hatte. Obwohl es genau das war, was ich *nicht* wollte.

Irgendwann in der Oberstufe gab es im Nachbarort eine Party von einem Jungen, den wir beide über drei Ecken kannten. Irgend jemand hatte mich dorthin geschleppt, und ich staunte nicht schlecht, als ich Thora dort sah. Wir hatten uns an dem Abend nichts zu sagen, wollten aber beide zur selben Zeit nach Hause. Es war bereits tief in der Nacht, natürlich fuhr auch kein Bus mehr, und für ein Taxi hatten wir beide nicht das Geld. Also blieb nur der Weg zu Fuß. Thora wohnte etwa fünf Kilometer entfernt im nächsten Ort, ich nochmal fünf Kilometer weiter im übernächsten. Die Hälfte meines Weges hatten wir also zusammen. Es war das erste Mal, daß Thora und ich allein unter uns waren, was ich sehr genoß. Wir unterhielten uns über Gott und die Welt und haben viel gelacht. Es wurde zu keiner Sekunde langweilig, und ich spürte wieder, wie sehr ich sie liebte. Keine Spur mehr von gegenseitigen Verletzungen oder Kränkungen. Aber den Mumm, sie in dieser Nacht an die Hand zu nehmen oder etwas Liebes zu ihr zu sagen, hatte ich nicht. Wir beide nicht. Also blieb es bei einer oberflächlichen Unterhaltung und der Verlegenheit, mit der Wahrheit hinter dem Berg zu halten. Als wir nach einer knappen Stunde in Thoras Heimatstadt angekommen waren und sich unsere Wege trennten, nahmen wir uns zum Abschied in den Arm. Ich sog ihren Geruch in mich ein und legte meine rechte Hand auf ihren Hinterkopf. Ihre Haare fühlten sich ganz weich an. Als wir uns wieder losließen, sahen wir uns tief in die Augen. Unsere Pupillen huschten unruhig hin und her, unsere Nasenspitzen waren nur zwei Finger breit voneinander entfernt. Mein Herz schlug laut und heftig. So nahe war ich Thora noch nie gekommen. Heute würde ich sagen, ich hätte sie in dem Moment küssen müssen. Wir hätten unsere Nasenspitzen aneinander reiben und dann unsere Lippen aufeinanderdrücken müssen. Haben wir aber nicht, weil wir beide Schiß hatten.

»Mach's gut«, sagte ich. »Und komm gut heim!«

»Du auch.«

Dann drehte sie sich um und ging. Ich sah ihr noch nach, bis sie um die Ecke gebogen war.

5

»Trottel«, murrt Heiko. »Das wäre doch deine Chance gewesen.«

Ich hole Luft und weiche Heikos Blick aus. Klar, hinterher ist man immer schlauer. »Hätte ich damals den Verstand von heute gehabt, wären mir viele Fehler nicht passiert. Aber es geht doch den meisten so. Hatten wir nicht alle Schiß vor dem ersten Kuß? Vor dem ersten Mal? Davor, dem oder der anderen die eigenen Gefühle einzugestehen? Ich finde das menschlich, und ich kenne wirklich niemanden, der sich davon freimachen kann.« Heiko sicher auch nicht, aber diesen Gedanken behalte ich für mich.

Heiko steht auf, geht zum Kühlschrank und holt Nachschub. »Und weiter?«, fragt er. »Seid ihr zusammengekommen?«
»Natürlich nicht«, seufze ich. »Sie war dann mit einem Computerfreak aus unserer Parallelklasse zusammen, aber nicht lange. Nach dem Abi hatte sie eine Ausbildung zur Einzelhandelskauffrau gemacht und in einem Supermarkt gearbeitet.«
»Wahnsinnskarriere«, sagt Heiko und reicht mir die geöffnete Flasche. Mehr braucht er nicht zu sagen. Ich weiß auch so, was für ein Bild von Thora er in diesem Moment hat. Nur, daß es mit der Wirklichkeit nichts zu tun hat, kann er nicht wissen.
»Vier, fünf Jahre nach dem Abi bekam ich eine Xing-Kontaktanfrage von ihr. Die habe ich bestätigt, bin aber nicht weiter darauf eingegangen.«
»Wieso nicht?«
»Weil ich sie immer noch geliebt habe, Heiko. Ich kann dir nicht sagen, warum. Es war nicht so, daß ich Tag und Nacht an sie gedacht und permanent von ihr geträumt hätte, aber ich habe sie auch nie vergessen. Ab und zu habe ich mir alte Klassenfotos angesehen und mir gewünscht, daß aus uns damals etwas geworden wäre. Wir hätten gut zusammengepaßt.« Ich setze die Flasche an und lasse das kalte Bier meine Kehle herunterlaufen. Es gibt Momente, da kommt man nicht daran vorbei.
»Es dauerte nicht lange, vielleicht ein Jahr«, sage ich und unterbreche mich, um leise aufzustoßen. Bei Heiko kann ich das bringen, hier spielt Etikette keine Rolle. Und in Situationen wie diesen schon gar nicht. »… und da fiel mir auf, daß sie ihren Namen geändert hatte. Den Nachnahmen. Sie hieß plötzlich Thora Talvolić oder Talković oder so. Irgendwas Osteuropäisches.«
»Also hat sie geheiratet.«
»Ja, aber halt nicht mich.«
»Scheiße, oder?«

Ich zucke die Achseln und setze mich anders hin. »War zu erwarten. Ich glaube, sie ist damals den Weg des geringsten Widerstands gegangen. Ich habe nie verstanden, warum sie Abi gemacht und sich danach bei Rewe an die Kasse gesetzt hat. Vielleicht haben andere das von ihr verlangt oder ihr höhere berufliche Ziele ausgeredet. Mit der Ehe war es möglicherweise genauso. Wer weiß das schon? Wir hatten damals keinen Kontakt mehr zueinander, und wahrscheinlich hätte es mir nur unnötig wehgetan. Das hatte es so schon, weil ich meine Gefühle ihr gegenüber nicht einfach so abstellen konnte. Zu diesem Zeitpunkt kannten wir uns seit mehr als zehn Jahren. So lange dauerte auch meine Liebe zu ihr an.«

Heiko stellt seine Bierflasche auf den Nierentisch, steht auf und macht zwei Schritte auf das Regal zu, das oberhalb der Werkbank an der Wand hängt. Mit zwei Handgriffen dreht er die Lautstärke der Aktivboxen herunter. Ich danke ihm im Stillen.

»Gut«, sagt er, kommt zurück und läßt sich wieder in den Sessel fallen. »Verständlich. Aber schon irgendwie komisch. Ich meine, ihr habt euch doch wohl nur angegiftet.«

»Ich bin kein Soziologe, aber ich würde unser damaliges Verhältnis zueinander als Haßliebe bezeichnen. Beides, Haß und Liebe, sind aber sehr starke Gefühle. Und die kann man doch nur für jemanden entwickeln, der einem etwas bedeutet.«

Heiko wirft den Kopf nachdenklich hin und her. Ich nehme an, daß er mir zustimmt.

»Es gab ganz klar Faktoren, die uns gegenseitig auf Abstand gehalten haben und die Ausdruck einer Rivalität waren. Und es gab das Gegenteil: Momente, in denen wir uns sehr gern hatten, es tragischerweise aber nicht richtig rauslassen konnten. Ich weiß es auch nicht, Heiko. Wir waren Teenager, da macht man nun mal irrationale Dinge. Heute weiß ich das auch alles besser, aber damals war es eben so.«

»Na gut«, macht Heiko. »Und dann? Wie ging's weiter?«

6

Im Sommer 2006, sieben Jahre nach dem Abi, bekam ich eine E-Mail von Nicole. In der Oberstufe ging sie zusammen mit mir in den Englisch-Leistungskurs. Wir hatten uns während der Schulzeit lose angefreundet. Nicole war noch mit zwei, drei anderen Mädels befreundet, darunter auch Thora. Die hatte es, wie ich, geschafft, den Status als Außenseiter abzulegen. Ich glaube heute, daß sich in der Oberstufe niemand mehr für so etwas interessiert. Wenn man dreizehn, vierzehn ist, mag diese Gruppendynamik noch funktionieren, aber mit siebzehn oder achtzehn bekommen auch die eine Chance, die früher ausgegrenzt wurden.

Nicole schlug ein Wiedersehen mit damaligen Weggefährten vor. Mir war klar, daß ich Thora dabei über den Weg laufen würde. Ehe hin oder her: Ich freute mich auf sie. Meine Gefühle ihr gegenüber hatten nicht nachgelassen. Ich war Single und wußte natürlich, daß sich das an jenem Tag nicht ändern würde, aber ich sagte zu.

Es war ein Sommertag wie aus dem Bilderbuch: warm, strahlender Sonnenschein, keine Termine. Auf dem Weg dorthin sagte ich mir immer wieder, daß Thora inzwischen eine verheiratete Frau war und man verheiratete Frauen nicht anbaggert. Ich mußte mich selbst dazu disziplinieren, mich zurückzuhalten. Was schwer war, denn immerhin hatte ich sie seit dem Abitur nicht mehr gesehen. Ich war schon sehr gespannt darauf, ob und wie sie sich verändert hatte und spürte immer wieder, daß meine Liebe zu ihr nicht nachgelassen hatte. Was die Sache für mich nicht leichter machte und ich auf der Fahrt zu unserem Treffpunkt kurz überlegte, ob meine Zusage ein Fehler war.

Wir trafen uns am Stadtrand auf einer Wiese zum Picknick. Außer Nicole, Thora und mir war noch Lisa dabei, aber die fiel nicht weiter auf. Thora hatte sich kein bißchen verändert. Ihre rotbraunen Haare hatten dieselbe unförmige Frisur wie fünf Jahre zuvor, ihre Augen strahlten im selben Hellblau, ihre Sommersprossen waren deutlich erkennbar, und die Zähne hatte sie sich auch nicht richten lassen. Sie war ganz die Alte, und mein Herz schlug wild vor Aufregung. Ich bemühte mich, mir nichts anmerken zu lassen und meine Eifersucht zu unterdrücken. Was schwer ist, wenn die Traumfrau nur eine Armlänge von einem entfernt auf der Picknickdecke sitzt mit einer Bierdose in der Hand, rülpst und schweinische Witze reißt. Es war ein wunderbarer Nachmittag, ich fühlte mich pudelwohl und genoß es, mit drei Leuten (drei Frauen!) aus meinem Abi-Jahrgang zusammen zu sitzen und über alte Zeiten zu sinnieren. Vor allem aber genoß ich Thora und das angenehme Gefühl, dazu zu gehören. Kein Außenseiter mehr zu sein, keine Randfigur. Wie Thora auch.

Irgendwann steckte sich Nicole eine Zigarette an, legte sich auf die Decke und fragte: »Und, Thora? Was macht die Liebe?«
Aua! Genau das wollte ich nicht wissen. Alles, nur nicht, was Thoras Liebesleben macht. Von einer Sekunde auf die andere war meine gute Laune zerstört.
»Och, alles super«, sagte sie und grinste dabei. »Ich bin mit Marek verheiratet.«

Es tat weh. Ich würde lügen, wenn ich sagen würde, daß mich das in dem Moment kalt gelassen hätte. Und ich konnte ihr es noch nicht einmal vorwerfen, denn woher hätte sie wissen sollen, daß ich immer noch an ihr hing? Selbst wenn: Sie war eine verheiratete Frau und damit endgültig vergeben.

»Ach ja«, schaltete sich Lisa ein. »Wie lange denn schon?«

»Seit etwas mehr als einem Jahr.«

Mir war, als stünde ich in einer alten Burgruine, die gerade komplett über mich einstürzte. Um mich herum nur Lärm, Staub und Steine eines uralten und wackeligen Fundaments. Über ein Jahr war meine Traumfrau in den Fängen von *Marek*. Wer zum Teufel war *Marek*? Marek Talković. Was für ein Scheißname! Jemand, der Marek Talković hieß, konnte doch nur ein Arschloch sein. Vor allem hatte er Thora nicht verdient. Schließlich kannte er sie ja kaum. Ich hingegen kannte Thora seit fünfzehn Jahren, und uns beide verband ja wohl einiges mehr als sie und dieser Marek! Andererseits war ich auch von Thora enttäuscht, daß sie sich von so einem Blender den Ehering anstecken ließ. In mir entstanden Bilder einer Thora im weißen Hochzeitskleid mit meterlanger Schleppe und einem dezenten Brautstrauß. Bilder von ihr und wem-auch-immer, der sie küßte und ihr langsam das Kleid auszog und ihr mit seinen schmierigen Händen überall hinfaßte, während sich Thora keuchend den Rest ihrer Unterwäsche vom Leib riß und im nächsten Moment schwitzend auf einem Männerkörper saß. Wie sie rhythmische Auf- und Ab-Bewegungen machte und sich auf ihrer Stirn kleine Schweißperlen bildeten. Wie sie ihm den Hintern herausstreckte und er sie an den Hüften packte und sie schreien ließ.

Ich glaube, jeder hatte schonmal solche Gedanken. Mann oder Frau, alt oder jung – jeder kennt das Gefühl der Eifersucht. Diesen Schmerz, den man nicht abstellen kann. Mir gelang es in diesem Moment nicht.

Thora hielt sich mit Erzählungen aus ihrer ach-so-tollen Ehe zurück. Entweder war die gar nicht so toll, oder sie spürte, daß sie mir damit wehtat und nahm Rücksicht auf mich, oder andere Themen waren ihr wichtiger. Ich tippe auf Letzteres.
»Ich habe ein Studium angefangen«, sagte sie schließlich. Das überraschte mich.
»Echt?«, fragte Nicole. Sie hatte sich das T-Shirt ausgezogen und war sich offensichtlich nicht zu schade, mir ihr Top zu zeigen. Dann zog sie die Flasche mit der Sonnenmilch aus ihrem Rucksack und ließ einen dicken Tropfen auf ihre Handfläche laufen. »Was denn?«
»Biologie.«
»Respekt«, sagte ich, ohne darüber nachgedacht zu haben. »Wie kommt das?«
»Ich hatte Bio als Leistungskurs und wollte eigentlich immer in die Richtung.«
Nicole hatte angefangen, das weiße Zeug auf ihren Armen und Beinen zu verteilen. Sie schmierte sich weiter ein, ohne Thora dabei anzusehen. »Und was hat dich gehindert? Ich habe mich sowieso immer gefragt, wieso du diesen Einzelhandelsunsinn gemacht hast.«
Thora holte tief Luft und drehte sich seitlich. Sie wirkte genervt. »Ja, ich weiß. Lange Geschichte. Ich war damals auf einem Irrweg, aber ich hab's durchgezogen und weiß inzwischen, daß ich was anderes will. Ich würde gerne in die Hirnforschung gehen.«
Ich stieß einen Laut der Verwunderung aus. Niemals hätte ich so etwas vermutet. Aber da war sie wieder: die Thora, die ich so bewunderte. Thora, die Unterschätzte. Die keine Markenklamotten und keine Klunker-Ohrringe brauchte, um mir zu imponieren. Wie ich schon sagte: Stille Wasser sind tief.
Sie erzählte von ihrem Interesse an Zerebrologie, von Biochemie, Synapsen und Nervenbahnen. Meine Bewunderung für sie stieg immer weiter, und parallel

dazu die Gewißheit, daß der Zug für mich und diese umwerfende Frau abgefahren war.

Nach einer Weile standen sie und Lisa auf, um etwas aus ihrem Auto zu holen. Nicole und ich waren allein – einen Moment, den ich für mich ausnutzen wollte. Dieser Nachmittag hatte mich emotional so gefordert, daß ich meine Gefühle und Gedanken nicht mehr für mich behalten konnte.

»Gehirnforschung«, setzte ich an, weil mir ein anderer Einstieg in das Thema »Thora« aus dem Stegreif nicht einfiel. Ich wußte, daß ich nicht viel Zeit haben würde für das, was ich auf dem Herzen hatte und wollte schnell auf den Punkt kommen. Immerhin war ich an Nicoles Meinung interessiert.

»Tja, unsere Thora … Immer für eine Überraschung gut«, sagte Nicole und zog zwei neue Bierdosen hervor. »Du auch?«, fragte sie und hielt mir eine hin.

»Danke, ich hab' noch«, sagte ich und sah zu, wie Nicole die Dose Nachschub öffnete, die dabei ein zischendes Geräusch von sich gab.

Eine Dose Mitleid für Aaron! Mitleid für den Zurückgelassenen.

»Es gibt etwas, das Thora und mich betrifft, das aber keiner weiß«, sagte ich.

»So?«, fragte Nicole unbeeindruckt und nahm den ersten Schluck.

»Thora ist … Sie ist echt süß.«

Nicole setzte ab, stieß auf und sagte: »Ja, das ist sie. Kleine süße Maus.«

»Ich liebe sie seit fünfzehn Jahren.« Dabei verzog ich keine Miene. Ich sah Nicole ernst an. Sie sollte spüren, daß ich das nicht zum Spaß sagte. Es funktionierte.

Nicole warf mir einen völlig überraschten Blick zu. »Seit fünfzehn Jahren?«, wiederholte sie ungläubig.

»Ich liebe Thora abgöttisch. Seit ich damals in diese Klasse kam. Seit 1991.«
Schweigen. Nicole sah mich wie versteinert an. »Das ist eine lange Zeit«, sagte sie langsam.
»Ich weiß nicht, was ich machen soll, Nicole. Klar war ich zwischendurch auch mal in andere verliebt, aber es zieht mich immer wieder zu ihr hin. Ich liebe sie, ich kann nicht anders. Es ist keine Schwärmerei. Nicht nach so vielen Jahren. Ich könnte weinen vor Liebe.«
»Nun, da wirst du nicht weit kommen. Wie du gehört hast, ist sie inzwischen unter der Haube. Schlag sie dir aus dem Kopf. Andere Väter haben auch schöne Töchter.«

7

»Der Spruch ist ungefähr so originell wie: ›Schatz, es ist nicht so, wie du denkst‹.« Heiko verrollt die Augen. »Oder: ›Bitte reg dich nicht auf‹.«
»Das stimmt. Also beides. Klar haben andere Väter schöne Töchter, aber darum geht es mir gar nicht. Thora war nie ein Supermodel. In gewisser Weise wunderte es mich sogar, daß sie außer mir überhaupt jemand attraktiv fand. Ich meine das gar nicht abwertend, aber sie war halt immer so zweite Wahl.«
»Tja«, macht Heiko und steht von seinem Sessel auf. »Entweder nicht für jeden, oder sie hat genommen, was sie kriegen konnte.« Er dreht sich um, geht die Treppe hoch und verläßt das Atelier in Richtung Haupthaus.
Natürlich ist es müßig, über etwas nachzudenken, was strenggenommen keine Relevanz mehr hat.
Aber es gibt etwas, das Heiko noch nicht weiß: der Grund meines Besuchs. Ich bin nicht gekommen, um ihn mit Geschichten aus meiner Jugend zu langweilen. Das ist so wie »Opa erzählt vom Krieg«. Und man selbst sitzt

daneben, hört sich das an, weil man es für seine Pflicht hält, aber im Grunde interessiert es einen nicht die Bohne, weil man damit auch gar nichts zu tun hat und in derselben Zeit, in der man Opas Geschwafel über sich ergehen läßt, lieber spielen würde.

Mein Handgriff in die Snack-Schale fällt großzügig aus. Ich habe es immer schon gewußt und einmal mehr den Beweis dafür: In diesen Chips ist eine süchtigmachende Droge, die einen dazu bringt, die ganzen hundertfünfundsiebzig Gramm in sich hineinzustopfen und hinterher die Tüte auszukratzen, um auch ja auf keinen einzigen Krümel dieses kostbaren Stoffs verzichten zu müssen. Mit meinen fettigen Fingern greife ich nach der Bierflasche und schütte die Hälfte ihres Inhalts in mich hinein, was mich dazu verleitet, einen sehr langen und kräftigen Rülpser auszustoßen und dabei das Wort »Obstsalat« zu sprechen. Ich spüre, wie sich ein erster Anflug von Schwindel in mir breitmacht.

Heiko kommt zurück.
»Also, Nicole meinte, du solltest dir Thora aus dem Kopf schlagen. Was du sicher nicht gemacht hast«, faßt er zusammen, während er die Treppe heruntergeht.
»So ist es«, sage ich mit vollem Mund und reibe die Hände aneinander, um dieses Paprika-Salz-Glutamat-Pulver loszuwerden. Und um Heiko nicht noch mit der Nase darauf zu stoßen, daß ich in den zwei Minuten, in denen er weg war, fast die ganzen Chips aufgegessen habe.
Heiko hebt meine Bierflasche an und stellt fest, daß sie beinahe leer ist. Ohne mich zu fragen, macht er sich auf zum Kühlschrank.
»Sie hat dieses Studium wirklich gemacht, was mich sehr beeindruckt hat.«

Heiko hebelt beide Bierflaschen nacheinander an dem Werkbank-Flaschenöffner auf und stellt sie auf den Tisch. Sein Blick bleibt kurz an der erkennbar leerer gewordenen Snack-Schale hängen, aber er setzt sich, lehnt sich zurück und hört mir weiter zu.

»Das hat sie alles auf ihrem Xing-Profil angegeben. Mich hat das total gefreut, weil ich dadurch gemerkt habe, daß sie selbst eingesehen hat, daß ihr erster Versuch ein Griff ins Klo war.«

Ich hebe die Flasche hoch und halte sie Heiko zum Zuprosten hin. Wir stoßen an und nehmen beide einen ordentlichen Schluck.

»Laß mich raten«, sagt Heiko und stellt seine Pulle wieder vor sich ab, »du hast dir gedacht, daß es mit ihrer Ehe genau so sein würde.«

Ertappt! Ich lege den Kopf zur Seite, wobei mir ein Grinsen entfährt. »Du Fuchs!«, sage ich lächelnd. »Und so war es auch. Drei, vier Jahre später an meinem Geburtstag bekam ich eine Xing-Nachricht von einer Thora Heyder. Und ich dachte noch: ›Thora Heyder, Thora Heyder … Nie gehört. Kenne ich nicht‹, und mache die Mail auf und sehe das Foto und denke, mich trifft der Schlag! Meine Thora! Sie sah aus wie eine richtig erwachsene Frau, aber ihre Gesichtszüge waren unverkennbar. Obwohl sie da auch schon Ende zwanzig war, hatte sie dieselbe Ausstrahlung wie in den 90ern. Sie war immer noch mein Mädchen, meine Thora. Hätte sie vor mir gestanden, ich hätte sie sofort in den Arm genommen.«

»Und was stand in der Mail?«

»Nicht viel. Es war eine Geburtstagsmail. Das übliche eben.«

»Aber immerhin hatte sie an dich gedacht.«

»Kunststück! Von Xing bekommt man immer Benachrichtigungen, wenn einer der eigenen Kontakte Geburtstag hat.«

»Ja, aber sie hätte dir ja nicht schreiben müssen. Hat sie aber. Offensichtlich hat sie an dich gedacht oder wollte, daß du an sie denkst.« Heiko beugt sich vor und kramt mit der rechten Hand in der Snack-Schale herum, erwischt aber nur noch die letzten Bröckchen. Ich greife nach der inzwischen dritten Bierflasche, setze erneut an und merke noch einmal, daß ich eine vierte nicht brauchen werde. Als ich wieder sprechen kann, sage ich: »Wir haben daraufhin ein paar Mal hin und her gemailt. Belangloses Zeug, und sie meinte, daß sie mit ihrem Studium bald fertig wäre und hat mir davon vorgeschwärmt. Von wegen das sei die beste Entscheidung ihres Lebens gewesen und genau das richtige für sie.«

Heiko hat den Kopf in den Nacken geworfen, den Mund weit aufgerissen und läßt sich die Chips-Krümel aus seiner rechten Hand hineinrieseln.

»Und daß sie sich kurz nach unserem Picknick von diesem Marek hatte scheiden lassen. Da waren sie nämlich schon getrennt. Jetzt wäre sie zum zweiten Mal verheiratet, ihr Sohn würde im nächsten Jahr in den Kindergarten kommen, und ihre Tochter wäre gerade unterwegs.«

Da gibt Heiko ein erstaunt klingendes Geräusch von sich, preßt die Lippen aufeinander, wirft den Kopf nach vorne und sieht mich mit weit aufgerissenen Augen an. »Kinder? Schwanger?«

Eine unnötige Frage. Ich lasse sie unbeantwortet und werfe Heiko einen Blick zu, der Bestätigung ausdrücken soll.

»Aaron, vergiß die!«, schmatzt Heiko. »Was willst du denn mit der? Die hat sich in der Schule nicht für dich interessiert, die hat dir sogar eine runtergehauen, dann diese merkwürdige berufliche Laufbahn, mit Anfang dreißig schon die zweite Ehe, ein Kind und nach dazu schwanger … Was soll das?«

Rational hat Heiko sicher recht. Aber Gefühle sind nicht rational. Obwohl meine Vernunft natürlich inzwischen eine andere Richtung eingeschlagen hat.

»Daß sie mir eine geschmiert hat, habe ich ihr längst verziehen. Ich war ja selber oft ein Arschloch, auch ihr gegenüber. Schließlich habe ich ebenfalls keine Gelegenheit ausgelassen, ihr eine reinzuwürgen. Obwohl ich sie wirklich geliebt habe. Das war ja gerade diese Ambivalenz, wenn ich das mal wissenschaftlich ausdrücken darf.«

Heiko schluckt herunter und beginnt, mit seiner Zunge im Mund herumzustochern. Für einen kurzen Moment überlege ich, ob es sinnvoll ist, Heiko den Rest der Geschichte auch noch zu erzählen. Immerhin kommt der Höhepunkt erst noch. Wenn er aber jetzt schon genug davon hat, dann wäre es vielleicht besser, das Thema zu wechseln und den Namen Thora nie mehr zu erwähnen.

»Gut«, setzt Heiko an, und ich bin ein bißchen erleichtert, daß für ihn offenbar doch noch nicht Schluß ist. »Und weiter?«

»Vor ein paar Jahren bekam ich eine E-Mail von ihr. Nicht über Xing. Sondern direkt an mich. Von wegen wie es mir geht und was ich mache und bla bla bla. Sie war da mit ihrem Studium fast fertig und hatte einen Job in dem Institut. Die Einzelheiten habe ich vergessen, aber es hatte etwas mit Hirnmedizin zu tun. Und sie schrieb mir und fragte mich, ob wir uns nicht mal wieder treffen wollten.«

8

Herbst 2010

Thora hatte mir ungefähr erklärt, wie ich das Café finden würde, in dem wir uns verabredet hatten. Aber in ihrer gewohnt verpeilten Art wich ihre Beschreibung erheblich von den tatsächlichen Straßenverläufen ab. Ein Navi hatte ich damals noch nicht und war ziemlich stolz, daß ich mich trotz der Schwierigkeiten in dieser Stadt zurechtfand, durch die ich höchstens mal durchgefahren war, in der Thora aber seit einigen Jahren lebte, studierte und arbeitete. Ich hatte mich auf diesen Tag gefreut und auf unser Wiedersehen. Ich war gespannt darauf, wie sie inzwischen aussah und ob wir uns überhaupt noch etwas zu sagen haben würden. Seit dem Picknick vier Jahre zuvor hatten wir uns ja aus den Augen verloren. Das heißt: Ich hatte es ein bißchen darauf angelegt. Schließlich hatten mich die Nachrichten über ihre Ehen auf Abstand gehalten, und als von Kindern die Rede war, sah ich erst recht Grund, sie aus meinem Leben zu streichen. Natürlich habe ich mir damit in die eigene Tasche gelogen, aber die Distanz zu ihr war möglicherweise eine Art Selbstschutz. Warum soll man jemandem hinterhertrauern, wenn ein Happy End absolut ausgeschlossen ist? Das würde nur wehtun. Andererseits kann man jemanden auch nicht nicht lieben, nur weil der Kopf das so sagt. Mein Bauch jedenfalls liebte sie immer noch, und mein Herz auch.

Thora saß schon da. Ich erkannte sie sofort und dachte nur: »Oh, mein Gott! Ganz die Alte!« Sie trug einen dunkelbraunen Blazer, der sich farblich mit dem knallblauen Top biß, das darunter leuchtete. Auch hatte sie inzwischen eine Brille, die ihr viel zu groß war, aber immerhin dieselbe Farbe hatte wie ihre Haare. Die waren

übrigens immer noch offen und genauso lang wie damals als Thora vierzehn war. Sie strahlte über das ganze Gesicht und winkte mir aufgeregt zu.
Wir plauderten über Gott und die Welt, über die Schule, alte Freunde, ihr Studium und über meinen Werdegang als Journalist. Sie wollte wissen, wen ich schon interviewt hatte, wo mich meine Recherchen hingetrieben hatten und zeigte sogar so etwas wie Bewunderung. Die war ganz meinerseits. Immerhin war aus ihr eine Biologin geworden, eine angehende Forscherin.

Wir hatten gerade bezahlt und uns auf den Weg nach draußen gemacht, da drehte sie sich zu mir um und sagte: »Ich überlege, ob ich promovieren soll.« Sie sagte das mit einer Leichtigkeit, die ich von keinem anderen Studenten kannte und die mich staunen ließ. Wieder einmal.
Thora und »Frau Doktor«! Unglaublich!
»Das ist einfach genau mein Ding«, sagte sie, als uns beiden der kalte Herbstwind um die Ohren wehte und ich meinen Schal enger zog. »Wir arbeiten an Behandlungsmethoden für Leute mit Tourette-Syndrom und Parkinson. Aber langfristig würde ich lieber Folgen von Schlaganfällen untersuchen und behandeln.«
Mit einem Male kam ich mir richtig dumm vor. Zwar hatte ich auch studiert und war damit schon seit einigen Jahren fertig, aber das war natürlich nichts im Vergleich zu dem, was Thora vorhatte. Und ich traute ihr das zu! Sie erzählte mir von ihren Forschungsseminaren und Praxissemestern, von Operationen, bei denen sie hospitiert hatte und war mächtig stolz darauf, daß man ihr selbst die Leitung einer solchen Operation übertragen wollte. Meine Thora, die in der Schule immer auf die Fresse bekommen und der nie jemand etwas zugetraut hatte (ich inklusive), stand plötzlich kurz davor, einen Doktortitel einzustecken und auf einem Gebiet zu arbeiten, das den meisten von uns für immer verschlos-

sen bleibt. Stille Wasser sind tief. Daß das stimmte, hatte sie ja an anderer Stelle schon bewiesen. Es paßte zu ihr.

Nach einer Weile hatten wir das Uni-Thema durch und waren auf unserem Spaziergang in einem Park angekommen. Es dauerte auch nicht lange, bis Thora auf eine Bank deutete und vorschlug, eine kleine Pause einzulegen. Ich hatte eine Ahnung, was auf mich zukommen würde. In mir stieg die Aufregung.
Ich setzte mich bequem hin und sah Thora von der Seite an. Für mich war sie die Schönste. Sie hatte zwar leider schiefe Zähne, keinen erkennbaren Klamottengeschmack und eine viel zu große Brille, aber sie hatte Ausstrahlung und Sommersprossen. Und Humor! Außer Nicole damals hatte ich niemandem von meiner Liebe zu ihr erzählt. Und auch ich selbst hatte bis zu diesem Moment auf der Bank gebraucht, es mir einzugestehen. Nicht mal in meinem Tagebuch hatte ich es je erwähnt, aber es stimmte.

»Ich weiß noch, wie ich damals zu euch in die Klasse kam«, sagte ich. Mir entfuhr dabei ein Grinsen, weil mir meine Verlegenheit lächerlich vorkam.
»Ich auch«, sagte Thora. »Die Frau Zapp hatte dich neben das Lehrerpult gestellt und gesagt: ›Das ist der Aaron, euer neuer Mitschüler‹ oder sowas.« Thoras Lächeln gab den Blick auf ihre schiefen Zähne frei. Ganz kurz fragte ich mich, warum sie es in all den Jahren nicht geschafft hatte, etwas dagegen zu tun. Tja, warum nicht? Thora halt …
»Du warst total schüchtern.«
»Und du unscheinbar. Trotzdem warst du mir aufgefallen.«
»Echt?«
Ich zwinkerte ihr zu. »Schon. Ich meine … Wir waren uns gegenseitig aufgefallen. Du warst ganz schön frech.«

Mehr bekam ich nicht hin. Wie peinlich wäre es gewesen, wenn ich mich geoutet hätte? Vor einer Verheirateten?
Thora murrte kurz und suchte sich eine andere Sitzposition. »Und du hast mich damals ziemlich oft geärgert.« Das klang wie ein Vorwurf, was daran lag, daß es wahrscheinlich auch als einer gemeint war. Im selben Moment schossen einige der Szenen an meinem geistigen Auge vorbei, an die ich mich auf die Schnelle erinnern konnte. Als ich mich zusammen mit anderen über ihren Pulli lustig gemacht und sie ausgelacht hatte, als wir uns mal gegenseitig an den Haaren gezogen hatten und natürlich auch an die Sache mit dem Fahrradschloß, wo ich danebenstand und nichts machte. Ich fühlte Reue, denn immerhin saß hier die Frau neben mir, die ich schon als Elfjährige rattenscharf fand und es ihr partout nicht sagen konnte.
»Ist dir mal in den Sinn gekommen, daß ich das vielleicht nur gemacht habe, um deine Aufmerksamkeit zu kriegen?«, fragte ich sie.
»Das wäre dir bestimmt auch anders gelungen.«
»Das wissen wir heute, ja. Aber in dem Alter, so mit zwölf bis weit über zwanzig, glaube ich, ist man einfach nicht in der Lage, offen über seine Gefühle zu sprechen. Zumal ich behaupten würde, daß man sich da auch gar nicht so genau darüber im klaren ist.« Eine saublöde Erklärung, aber die einzige, die mir so schnell einfiel und die einigermaßen unverfänglich klang. Mir war das Thema unangenehm. Ich wollte nicht darüber sprechen. Nicht über die Schuhe, die ich mir anziehen mußte, nicht über meine Gefühle von damals oder heute. Sie verstand es ja doch nicht. Mit Thora einen Streit vom Zaun zu brechen, um sie an den Haaren ziehen oder sie schubsen zu können oder sie so lange zu provozieren, bis sie mich schlug, war der einzige Weg, sie dazu zu bringen, daß sie sich mit mir beschäftigte. Es war auch die einzige Möglichkeit, sie »legal« berühren zu können oder von ihr

berührt zu werden. So gesehen war es für mich ein Genuß, von ihr geschlagen oder getreten zu werden (und beides kam oft genug vor), denn nur so konnte ich sie richtig spüren. Eine andere Möglichkeit, Körperkontakt zu ihr zu bekommen, sah ich damals nicht.

Thora schwieg einen Moment und sah auf die Wiese vor uns. Eine Decke aus braunen vertrockneten Blättern lag darauf, so weit man sehen konnte. Sie schniefte und kramte in ihrer Jackentasche nach einem Taschentuch. Ich hätte ihr gerne die Wahrheit gesagt, besonders in diesem Moment. Angesichts ihrer Ehe und ihrer Kinder hätte nichts passieren können. Sie würde mir ja sowieso einen Korb geben. Also bestand kein Risiko des Scheiterns, weil das zu hundert Prozent passieren würde. Vielleicht war es feige von mir, so lange mit meinem Geständnis zu warten, bis ich wußte, daß sie unter der Haube war.

»Aaron«, setzte Thora an und ließ das Taschentuch wieder verschwinden, »du glaubst vielleicht, daß ich ein tolles Leben führe. Oder du meinst, daß du mich bewundern müßtest. Weil ich jetzt trotz Kindern diese Doktorarbeit auf mich nehmen will. Und dabei ist Emily sogar noch ein Baby. Da bleibt eigentlich gar keine Zeit, das alles unter einen Hut zu kriegen.«
»Natürlich bewundere ich dich für das, was du leistest«, sagte ich und bemühte mich um einen beruhigenden Tonfall. »Und für die Entwicklung, die du mitgemacht hast. Ich meine ... Mal Hand aufs Herz: Damals hätte niemand damit gerechnet, daß aus dir mal eine Frau Doktor werden würde. Du selbst wahrscheinlich auch nicht. Aber du hast es echt zu was gebracht und siehst dazu noch umwerfend aus.« Gut, das war ein klein wenig geschwindelt, was Thora auch sofort durch einen fragenden Gesichtsausdruck entlarvte. »Doch«, fügte ich

an, »du hast Ausstrahlung. Ich mag deine Haare und deine Sommersprossen. Außerdem hast du Humor.« Mehr Geschleime fiel mir auf Anhieb nicht ein. Daß ich sie anziehend, erotisch und geil fand, wollte ich ihr nicht gerade ins Gesicht sagen. Nicht, solange ich wußte, daß sie Mann und Kinder hatte.

Thora lachte kurz verlegen und senkte den Kopf. »Ich bin unglücklich«, sagte sie leise. »Es geht mir nicht gut.«
Die nächste Überraschung. Aber eine, die mir wehtat. »Wieso? Was ist los?«
Thora hob das Kinn an und sah mir tief in die Augen. Ihre waren groß und traurig. »Als ich das erste Mal verheiratet war, war es die Hölle. Ich dachte eigentlich, daß mir sowas nicht nochmal passieren würde. Aber inzwischen bin ich schlauer.«
»Was soll das heißen?«
»Ich kann so nicht mehr. Ich will mich scheiden lassen.«
»Schon wieder?«, entfuhr es mir ohne, daß ich mir Zeit genommen hatte, über diese Antwort nachzudenken. Aber manchmal ist die Zunge auf dem Herzen auch das beste, was man sagen kann. Unumwunden, unverfälscht, authentisch.
Thora zuckte mit den Achseln. »Zumindest will ich die Trennung. Seit ein paar Jahren weiß ich endlich, was ich beruflich will. Es war gar nicht so einfach, aus allem auszubrechen und meinen eigenen Weg einzuschlagen. Aber heute weiß ich, daß es richtig war. Und daß es der einzige Weg war, den ich hätte gehen können. Mit dieser Beziehung ist es genau so. Ich weiß, was ich *nicht* will.«
Ich holte tief Luft und spürte, wie die Kälte langsam in mir hochkroch. »Aber Thora«, setzte ich ernsthaft an und versuchte es mit Vernunft. »Klar, es ist dein Leben und deine Entscheidung, aber … Es ist auch deine zweite Ehe. Und du hast mit dem Mann zwei Kinder. Eins davon ist

noch gar nicht lange auf der Welt. Das hast du selbst gesagt. Und jetzt willst du dich scheiden lassen?«
»Innerlich habe ich das längst. Das zweite Kind war nicht geplant. Ich habe das über mich ergehen lassen, aber eigentlich hatte ich damals schon keine Lust mehr auf diese Beziehung. Vielleicht war es ein Versuch, sie durch das Kind wieder zu kitten, aber das Gegenteil ist passiert. Wir haben uns immer weiter von einander entfernt. Weißt du, Aaron, manche Dinge kann man selber steuern. Und andere passieren einem einfach.«
»Nichts passiert einem einfach. Man ist für das Leben, das man führt, selbst verantwortlich«, sagte ich. »Du selbst bist für das, was du tust, verantwortlich, und zwar zu jeder Zeit. Es war deine Entscheidung, dich heute hier mit mir zu treffen. Du hättest das nicht tun müssen. Und es war deine Entscheidung, damals diesen Mann zu heiraten. Was du nicht hättest tun müssen. Es ist auch deine Entscheidung, ob du diese Ehe fortführst. Du mußt das nicht tun.« Um nichts in der Welt wollte ich klingen wie ein Klugscheißer oder ein esoterischer Körnerfresser. Wahrscheinlich gelang mir beides nicht.

Thora schwieg verlegen. Dann sah sie mich ernst an und sagte: »Aaron, ich weiß, daß uns beide etwas besonderes verbindet. Machen wir uns nichts vor, jeder von uns weiß das. Ich habe lange nachgedacht. Auch darüber, ob wir uns treffen sollen. Ich gebe offen zu, daß diese Verbindung zwischen uns einer der Gründe war, weshalb ich es wollte. Ich bin eine geschiedene, bald schon zweifach geschiedene, Frau mit zwei kleinen Kindern. Noch dazu wahrscheinlich bald in der Promotion. Ich bin alles andere als attraktiv für einen Mann. Erst recht für einen, der unverheiratet ist, keine Kinder und einen festen Job hat.«
Plötzlich bekam ich ein ganz seltsames Gefühl und eine ungute Vorahnung. Mir war, als hätte ich Thoras Plan

durchschaut, aber ich tat ihr nicht den Gefallen einer Vorlage und stellte mich dumm. »Was willst du mir damit sagen?«

Thora holte tief Luft und drehte sich mit ihrem Oberkörper zu mir um. Dann nahm sie mit beiden Händen meine rechte. Ihre waren ganz warm und behutsam. »Ich weiß, daß du es bist«, sagte sie, und ihre Stimme zitterte. »Ich will dich, Aaron.«

Ich schluckte. Da war sie: meine Chance! Nach fast zwanzig Jahren.

»Ich habe ständig darüber nachgedacht, auch über die Fehler, die ich gemacht habe. Aber ich komme immer wieder zu demselben Punkt, Aaron. Ich will mit dir zusammen sein.«

9

»Späte Erkenntnis«, stellt Heiko fest.

»Allerdings.«

»Wenn das 2010 war, dann kannten wir beide uns da ja schon. Du hast aber nie davon erzählt.«

»Nein. Ich habe ihr Angebot ausgeschlagen.«

»Warum?«

»Heiko! Der Zug war abgefahren. Sie war in einer ganz anderen Lebenssituation als ich, stand kurz vor ihrer Doktorarbeit in einer Stadt zweihundert Kilometer von hier entfernt.«

»Na und?« Heiko beugt sich vor und sieht mich mit großen Augen an. »Wenn sie wirklich die große Liebe gewesen wäre, von der du die ganze Zeit erzählt hast, dann hättest du Luftsprünge machen müssen!«

Ich schüttele den Kopf, greife nach der Bierflasche und setze sie an. Sie ist noch halbvoll. Eine schwierige Aufgabe, weil ich nicht gerne etwas übriglasse. Aber es wird mich Überwindung kosten. »Nein, Heiko. So einfach ist das nicht. Ich kann keinen Schalter umlegen und plötzlich in den Liebes-Modus wechseln. Natürlich habe ich sie geliebt, auch damals. Aber sie hatte sich zweimal für andere Männer entschieden und mit einem sogar Kinder bekommen. Wie stellst du dir das vor? Soll ich fremde Kinder großziehen? Soll ich dem Baby vorgaukeln, sein Vater zu sein? Und irgendwann, wenn die Kleine so dreizehn, vierzehn ist, sage ich dann zu ihr: ›Liebes Kind, ich muß dir mal was sagen. Du dachtest jahrelang, ich sei dein Vater, und du hast immer Papa zu mir gesagt, aber das bin ich gar nicht. Ich bin für dich eigentlich ein Fremder.‹ Hätte ich sowas machen und das Kind über Jahre hinweg verarschen sollen? Nur, weil Thora nach zwei Jahrzehnten endlich selber gemerkt hat, daß uns was verbindet?«

Heiko schweigt. In seinem Blick steht Einsicht.

»Natürlich wäre es eine Gelegenheit gewesen, aber wir hatten uns zu dem Zeitpunkt beide schon so sehr weiterentwickelt, daß es nicht mehr ging. Ich weiß nicht, ob sie das wirklich gekonnt hätte. Ich jedenfalls nicht.«

»Und was hast du gemacht?«

»Ich habe gesagt, daß ich das nicht übers Knie brechen, sondern in Ruhe darüber nachdenken will. Später habe ich ihr dann geschrieben, daß ich das nicht hinkriege. Vielleicht war es feige. Ich habe mich dabei auch richtig beschissen gefühlt. Als ich an dem Abend, als ich diese Mail geschrieben hatte, im Bett lag, habe ich geheult wie ein Schloßhund. Es tat so weh. Es war so schlimm, der Frau, die ich über so viele Jahre so innig geliebt habe, einen Korb geben zu müssen, aber es ging nicht anders. Kannst du das verstehen?«

»Schon«, sagt Heiko, schielt auf die braune Flasche, die vor mir steht und fragt: »Du auch noch eins?«

Ich schüttele den Kopf. »Hab' noch.«

Heiko macht sich auf zum Kühlschrank. »Und was war das nun für eine Mail, die du jetzt bekommen hast?«
Ich hole tief Luft. Thoras Mail … Der Grund für meinen Besuch heute abend bei Heiko. »Nach dieser Sache damals im Park haben wir uns aus den Augen verloren. Sie hatte auch auf meine Absage nie reagiert. Aber ihr Schweigen hat mir gezeigt, daß sie sie zur Kenntnis genommen hat. Gestern bekam ich plötzlich eine E-Mail von ihr. Völlig unerwartet.«
»Jetzt mach's doch nicht so spannend«, sagt Heiko, hebelt seine Flasche auf und setzt sich mit einem Grinsen wieder in seinen Sessel, ehe er die Pulle ansetzt.

»Sie hat wieder ihren Mädchennamen angenommen, ist tatsächlich eine Frau Doktor geworden und arbeitet in einem Forschungsinstitut für Neurologie. Soweit ich das in Erinnerung habe, ist es immer noch der Fachbereich, von dem sie damals erzählt hat: Entwicklung von Behandlungsmethoden bei Parkinson, Multipler Sklerose und weiß der Geier, was noch. Ich verstehe nicht viel davon. Aber nach dem, was ich auf ihrer Mitarbeiter-Seite ihres Instituts über sie lesen konnte, scheint sie zu einer Größe auf diesem Gebiet zu werden.«
»Tatsächlich?«
»Zumindest hat sie einige Gastbeiträge in Fachzeitschriften geschrieben und Vorträge bei Ärztekongressen gehalten. Wenn ich jemals Parkinson kriegen sollte, dann will ich mich nur von ihr behandeln lassen.« Ich bemühe mich um ein Lächeln, aber die Tragik bleibt mir im Hals stecken. Um sie herunterzuspülen, exe ich den Rest meines Bieres und stelle die Flasche mit einem leisen Aufstoßen zurück auf den Tisch. Der Schwindel wird stärker. »Sie hat mich gefragt, ob wir uns wieder treffen wollen. Und natürlich hat sie damit diese ganze alte Geschichte in mir nochmal aufgewärmt. Ich dachte eigentlich, das Thema sei durch.«

»Für sie offenbar nicht.«
»Nochmal, Heiko: Es ist vorbei! Ihre Kinder sind inzwischen zehn und acht, sie selbst ist achtunddreißig. Sie wird keine Kinder mehr kriegen, und von mir erst recht nicht. Ich kann auch nicht behaupten, daß meine Gefühle heute immer noch dieselben sind wie damals. Ganz verschwunden sind sie nicht, und das werden sie auch nie, aber sie sind schwächer und anders. Genau, wie sie heute eine Andere ist und ich heute ein Anderer bin. Ich würde vieles, was ich damals gemacht habe, heute nicht mehr machen. Und umgekehrt gilt das wohl hoffentlich auch. Man entwickelt sich weiter in fünfundzwanzig Jahren. Es ist tragisch, und es tut mir in der Seele weh, aber ich kann das nicht. Ich muß sie gehen lassen und sie mich. Wenn sie den alten Zeiten und den vertanen Chancen nachtrauert, kommt ihre Einsicht zu spät. Ich habe mein Leben bis jetzt ohne Thora gelebt, und so wird das auch weitergehen. Obwohl ich immer noch an ihr hänge und sie ganz tief im Innern meines Herzens immer noch liebe. Anders als damals, aber mir fällt kein besseres Wort dafür ein. Ich kann nicht zu ihr. Es wäre nicht dasselbe. Ich möchte sie und die Liebe zu ihr so in Erinnerung behalten, wie ich es während unserer Schulzeit und danach erlebt habe. Schwer zu erklären.«
Heiko nickt. »Ich verstehe schon.«
Ich sehe ihm an, daß er es nicht verstanden hat. Aber das muß er auch nicht.

Ich stehe auf, nehme meine Jacke vom Kleiderhaken und lege sie mir über den Arm.
»Gehst du schon?«, fragt Heiko und kommt auf mich zu.
»Ich muß ins Bett«, erkläre ich und will nicht recht zugeben, daß ich nach drei Flaschen Bier schon genug habe. Heiko diese ganze Geschichte erzählt zu haben, alles nochmal im Kopf durchzugehen, alle Gefühle noch

einmal zu erleben, die Entscheidung gegen Thora getroffen zu haben, hat mich Kraft gekostet.

Wir verabschieden uns knapp, ich ziehe die Jacke an und trete nach draußen in die Herbstnacht. Mein Fußweg führt mich den Eschberg hinunter. Außer mir ist niemand unterwegs. Es nieselt.

Aus uns hätte ein Traumpaar werden können. Aber wir hatten nicht den Mut, den ersten Schritt zu machen. Wir sind beide schuld daran, daß es so ist, wie es jetzt ist. Die Zeit läßt sich nicht zurückdrehen. Trotzdem denke ich manchmal an sie.
An Thora, die mit weißem Arztkittel in einem Labor steht und Gewebeproben untersucht.
An Thora mit den rotbraunen Haaren, den Sommersprossen, den blauen Augen und den schiefen Zähnen.
An Thora mit dem versauten Humor, die Erotik ausstrahlt und im Bett wahrscheinlich eine Bombe ist.
An Thora, die mich als Elfjährige schon fasziniert hat und zu der ich in Gedanken immer wieder zurückgekehrt bin.
Mein Herz blutet, aber mir bleibt nicht anderes übrig, als mich von ihr zu lösen. Mich zu zwingen, nicht im Internet nach ihr zu suchen und sie ein für alle Mal abzuhaken. Ich könnte schreien vor Schmerz. Aller Vernunft zum Trotz tut es doch verdammt weh, jemanden loszulassen, der einem so viel bedeutet. Ich wünsche ihr, daß es ihr gutgeht und sie findet, was sie sucht. Auch, wenn mein Leben in eine andere Richtung geht als deines: Thora, ich werde dich nie vergessen, und du wirst immer in meinem Herzen sein.

Sommerferien

1

Keiner von ihnen war in die Ferien gefahren. So dicke hatten sie es alle nicht. Einzig Lea würde die letzte Woche mit ihrer Mutter und deren neuem Freund an die Nordsee fahren, aber bis dahin war es noch lange hin, und ein wirklicher Sommerurlaub sah sowieso anders aus. Ihr war es ganz recht, daß sie die meiste Zeit hierbleiben konnte.

Bereits in den letzten Wochen des alten Schuljahres hatte sie sich ein wenig mit Cedric angefreundet, einem Jungen aus ihrer Parallelklasse. Er war ihr bis dahin nie großartig aufgefallen, aber irgendwie spürte sie, daß es ihr in diesem Fall gar nicht so sehr auf das Aussehen ankam. Es war vielmehr Cedrics Ausstrahlung, die Lea faszinierte. Cedric war ein Draufgänger, ein Kämpfer. Auf jeden Fall aber war er alles andere als ein Nerd, der nur sein Handy und Computerspiele im Kopf hatte. Die Vorstellung, Cedric wegen der Ferien wochenlang nicht sehen zu können, war für Lea fast unerträglich. Ja, sie wollte es gerne. Sie wollte gerne herausfinden, ob sie sich in Cedric verlieben könnte. Es kam ihr deshalb sehr gelegen, daß sie nun in den Ferien genügend Zeit haben würde, die Bekanntschaft mit ihm etwas auszubauen. Hinzu kam, daß er mit Alex und Nick befreundet war. Gerade auf Nick hatte Leas beste Freundin Jacqueline ein Auge geworfen, obwohl er ein Jahr jünger war als sie. Aber Nick war einer von den ganz Coolen, er sah umwerfend aus, trug die angesagtesten Klamotten, und die Mädchen rannten ihm scharenweise nach. Für einen Fünfzehnjährigen hatte er ein ziemlich großes Maul, und Lea war sich sicher, daß Jacqueline alles für ihn getan hätte, hätte Nick sie nur einmal beachtet. Nur für Alex interessierte sich niemand so richtig. Nicht, daß er wirklich gestört oder unvorzeigbar ausgesehen hätte. Allerdings war er eher der introvertierte und stille Typ, der Beobachter, der nicht recht zu den anderen Jungs in seinem Alter passen wollte. Lea hätte ihn nicht vermißt, wenn er plötzlich nicht mehr gekommen wäre, und die anderen wohl auch nicht.

Schon während der ersten Ferienwoche trafen sie sich täglich. Der Zuwachs kam nach wenigen Tagen, als am Ende der Straße ein Möbelwagen hielt. Sie hatte lange dunkelbraune Haare und stellte sich ihnen als Mara vor. So waren sie zu sechst. Kein Tag verging ohne gemeinsame Zeit auf den Fahrrädern durchs Feld oder in die Stadt zum Eisessen. Jacqueline versuchte immer wieder, Nicks Aufmerksamkeit zu erlangen, was der aber nur mit Arroganz quittierte. Lea dagegen machte Cedric schöne Augen, Mara war noch sehr zurückhaltend, und Alex lief eben so mit. Von ihm gingen keine erkennbaren Versuche aus, bei einem der drei Mädchen zu landen. Es wäre vergeudete Liebesmüh gewesen – im wahrsten Sinne des Wortes –, und das war Alex auch bewußt. Also überließ er das Feld Cedric und Nick und war ihnen im Stillen dankbar, daß sie ihn überhaupt mitnahmen.

Die große Hitze war noch nicht da, aber es war warm genug für kurze Sachen. Nick und Cedric drehten bereits ihre Runden auf der Straße und warteten auf Mara. Statt ihrer kam erst Alex, kurz darauf Mara. Nach ein paar Minuten bogen auch Jacqueline und Lea um die Ecke. Jacqueline trug so kurze Hotpants, daß noch weniger Nichts bedeutet hätte, was Nick aber völlig kalt zu lassen schien. Der hatte plötzlich nur noch Augen für Mara.

Nicht, daß die beiden miteinander herumgeschäkert hatten, aber das konnte Jacqueline schließlich nicht wissen. Alex erkannte an Jacquelines Blick, daß sie Lea die Trödelei vorwarf.

»Ich zeig euch was«, sagte Nick nach einer knappen Begrüßung. »Da hinten im Feld gibt's eine Stelle, die kaum noch einer kennt.«
»Was gibt's denn da zu sehen?«, fragte Jacqueline neugierig.
»Kommt mit!«, antwortete Nick und war bereits in Richtung Straßenende unterwegs. Es hörte sich spannend an, und was konnte es Interessanteres geben, als an einen Ort zu fahren, an dem sie unter sich und ungestört sein würden?

Die Straße endete als Wendehammer. Dahinter lag das Feld, ein weitläufiges und sehr hügeliges Areal, an dessen Ende der Wald begann. Alex kannte das Feld, wie er glaubte, wie seine Westentasche. Von den anderen nahm er das ebenfalls an, schließlich lebten sie schon immer hier, wenn man von Mara mal absah. Nick führte die anderen ein ganzes Stück ins Feld hinein, bog mehrfach ab und fuhr schließlich querfeldein über eine wilde Wiese. Alex wußte ungefähr, wo sie waren, aber es fiel ihm schwer, die Orientierung zu behalten. Die Mädchen wirkten unbeschwert und naiv. Ihnen schien alles egal zu sein. Sie verließen sich auf Nick und fuhren ihm hinterher.

Zwischendurch passierten sie immer wieder einzelne Baumgruppen, überquerten einen schmalen Bach und steuerten schließlich auf den Waldrand zu, als Nick plötzlich anhielt und sich zu den anderen umdrehte.

2

»Hier ist es«, rief er ihnen zu. Sie waren noch nicht alle da. Cedric war außer Puste, sagte aber nichts. Auch Alex traute sich nicht, Nick zu fragen, was er meinte. Das war auch nicht nötig, weil Jacqueline das Fragen übernahm: »Was denn?«

Mara und Lea hatten aufgeholt. Etwas erschöpft stießen sie zu den anderen und stiegen von den Fahrrädern ab.

»Das alte Sägewerk«, sagte Nick selbstbewußt. »Mein Opa hat hier noch gearbeitet, irgendwann in den Sechzigern.«

Alex wunderte das. »Ich wußte gar nicht, daß hier ein Sägewerk war«, sagte er.

»Das weiß heute auch keiner mehr. Da hinten …«, damit deutete Nick auf eine Häuserreihe, die in der Entfernung gerade so noch zu erkennen war, »… war die Zufahrtsstraße. Die haben sie irgendwann wieder weggemacht. Angeblich hat's hier mal ein Blutbad gegeben.«

»Ein Blutbad?«, wiederholte Mara ungläubig.

»Na ja, ist schon lange her. Aber hier in der Gegend erzählen sich die Leute die Legende von einem Holzarbeiter, der seine ganze Familie ausradiert hat. Er hat sie umgebracht, hierhergeschafft und sie dann auf den Sägen zerteilt. Alle nacheinander.« Nick sah die anderen der Reihe nach ernst an. »Erst seine Frau, dann seine beiden Söhne und die Tochter. Zum Schluß hatte er sich auf die Säge gespannt und sich so bei lebendigem Leibe selbst zerteilt.«

»Igitt«, protestierte Jacqueline, »das ist ja eklig!«

»Die Zeitungen waren damals voll davon. Als das bekannt wurde, hat man das Werk stillgelegt. Es steht zwar noch, jedenfalls das meiste, aber da war schon seit Jahrzehnten keiner mehr.«

Das war Alex neu. Er hatte zwar mal gehört, daß irgendwo in der Nähe etwas Schreckliches vorgefallen war. Daß

es sich dabei aber um ein solches Massaker handelte und das ausgerechnet hier passierte, hätte er nie geahnt.
Nick schob sein Fahrrad in Richtung des Waldrandes und verschwand zwischen den Bäumen. Die anderen, stark beeindruckt von dieser Geschichte und von dem, was Nick alles wußte, folgten ihm. Es war nur noch ein kurzes Stück.

Vor ihnen tat sich eine gewaltige Industrieruine auf. Die Anlage mußte riesig sein. Von der Stelle aus, von der sie gekommen waren, stieß man auf eine bröckelige Schotterpiste, die in ein zerfallenes Backsteingebäude führte. Einige der Holztore waren aus den Führungen herausgerissen. Ein Teil des Daches war eingestürzt, Fensterscheiben eingeschlagen, im leichten Sommerwind wehte links und rechts meterhohes Gras. Daraus war das Zirpen einiger Grillen zu hören. In der Ferne zwitscherten Vögel, ansonsten war es totenstill. Neben dem Backsteingebäude prangte eine Art Werkshalle. Davor lag ein Stapel uralter Baumstämme. Zwischen ihnen hindurch wuchs Unkraut, die Stämme waren mit Moos bewachsen. Aus dem hinteren Teil der Anlage führten zugewachsene Schienengleise heraus. Das Tor der Halle stand offen. Von hier außen waren vage Umrisse von Maschinen zu sehen. Das Werk machte einen vollkommen verwahrlosten und heruntergekommenen Eindruck. Keine Frage: Hier war tatsächlich schon seit Jahren niemand mehr gewesen.
»Wow«, staunte Mara, »das ist ja geil! Und du bist sicher, daß hier niemand ist?«
»Kein Mensch«, rief Nick selbstbewußt, stieg wieder auf sein Fahrrad und fuhr auf das Hauptgebäude zu. »Kommt mit!«
Die anderen folgten ihm wie eine Horde Entenbabys.

Dort angekommen, stiegen sie von ihren Fahrrädern und betraten die Halle. Die gesamte Anlage sah aus, als sei sie gerade erst verlassen worden. An einer Wand lehnten alte Bretter und Holzlatten. In einem Regal daneben lagen Teile von historisch anmutenden Werkzeugen. Von der Decke hingen schwere Eisenketten, die über ein Zahnrad liefen und an denen ein großer Haken befestigt war. Die Konstruktion hatte Ähnlichkeit mit einem Kran. Reste von alten Förderanlagen und Maschinen standen herum und sogar einige der Sägen. Die Sägeblätter waren teils rostig, teils verbogen oder fehlten ganz. In einem Nebenraum hatten sich offenbar Vandalen ausgetobt und alles kurz und klein geschlagen. Zwischen den bröckeligen Betonplatten auf dem Boden wuchsen Moos und Gras. Es roch, wie es in alten Häusern riecht: modrig, faulig, feucht. Dieses Sägewerk hatte etwas Unheimliches. Alex hätte es nicht in Worte fassen können, aber auch den anderen war anzusehen, daß jeder Einzelne von ihnen spürte, daß dies ein seltsamer Ort war, der ein Geheimnis verbarg. Mindestens eins. Gleichzeitig ärgerte es ihn ein bißchen, daß Nick davon wußte und er nicht. Gerade Nick, dem alles von allein zuflog! Klar, daß vor allem die Mädchen es spannend und aufregend finden mußten, daß der ach-so-tolle Nick ihnen so etwas zeigte. Er gönnte Nick den Triumph nicht und hätte es lieber gehabt, wenn er derjenige gewesen wäre, der den Mädels mit diesem Abenteuer hätte imponieren können.

»Mensch, Alter«, flüsterte Cedric Nick zu, aber es war laut genug, daß Alex es hören konnte. »Was ist das denn Geiles?«
»Cool, gell?«
»Aber ehrlich!«, sagte Cedric und war sichtlich beeindruckt. Es war klar, daß auch er Nick die Rolle des Anführers überlassen mußte. »Hier kann man geile Sachen machen. Vor allem sieht uns hier keiner.«

Jacqueline, Lea und Mara verlustierten sich im Gebäude und sahen sich um. Alex stand teilnahmslos bei Cedric und Nick und hörte ihrer Unterhaltung zu.
»Aber mal unter uns«, begann Cedric, »Was machen wir hier? Hast du hier Bier versteckt oder Pornohefte, oder was?«
Nick lachte. »Brauchst du welche? Vielleicht kann ich welche von meinem Bruder klauen.«
Cedric grinste. »Mal sehen. Was hältst du von den drei Hühnern? Du die Neue, ich die Jacqueline?«
»Die kannst du gerne haben, alle beide«, antwortete Nick und machte eine abfällige Handbewegung. »Jacqueline rückt mir eh ständig auf die Pelle.«
»Komm, du stehst doch auf sie. Wahrscheinlich hätte sie gerne, daß du *ihr* auf die Pelle rückst«, sagte Cedric und lächelte lasziv.
»Die gehen mir alle auf die Nerven, von mir aus kannst du sie alle drei haben. Wobei … Nehmen würde ich die schon. Vor allem hier.«
»Wen?«, fragte Cedric.
»Alle«, sagte Nick. Er und Cedric lachten.
Alex fühlte sich unwohl. Er selbst war, was *das* Thema anging, vollkommen unerfahren und hatte auch noch nie eine Freundin. Von ihm wollte kein Mädchen etwas wissen, und was er nun mit anhören mußte, machte ihm nur wieder seine Rolle als Sonderling bewußt. Andererseits hätte er sich auch nicht, um Nick und Cedric zu meiden, an die Mädchen heften wollen, denn in deren Gesellschaft hätte er sich noch unsicherer gefühlt. Um aber seine Daseinsberechtigung in der Gruppe zu behaupten, versuchte er, Cedric und Nick mit einer Idee zu beeindrucken: »Hier kann man supergeil Sklavencamp oder sowas spielen.«
»Klar, wenn du der Sklave bist«, konterte Cedric selbstgerecht und wies Alex damit sofort wieder in die Schranken. Nick grinste amüsiert. Es war zum Verzweifeln: Alex war

zwar gut ein Jahr älter als Nick und Cedric, stand in der Hierarchie dieser Gruppe aber auf der letzten Stufe, noch unter Mara, obwohl die als Neue eigentlich gar nichts zu sagen hatte, aber jetzt schon viel akzeptierter war als er. Alex nahm das wahr und mußte sich damit abfinden. Noch ehe er auf Cedrics Seitenhieb eingehen konnte, unterbrach weibliches Lachen seine Gedanken. Lea, Jacqueline und Mara schlenderten feixend und gackernd den Gang herauf, bis sie die drei Jungs erreicht hatten.

Die sechs verbrachten den ganzen Nachmittag in dem Sägewerk. Sie sahen sich alles an, probierten aus, was auszuprobieren war, alberten herum und genossen es, unter sich zu sein.

3

Das Wetter schlug um. Aus dem warmen Frühsommer war ein besserer Herbst geworden. Nachts donnerten Gewitter, und tagsüber regnete es oft stundenlang. Trotzdem hielt sie nichts zu Hause und trafen sich jeden Tag sm Sägewerk.

Nach Tagen des Dauerregens klarte es auf. Das Feld war aufgeweicht, der Regen durch die beschädigten Dächer der Anlage hindurchgelaufen. Das Werk übte noch immer die Anziehung aus wie am ersten Tag. Sie fanden neue Gänge und Räume, in denen sie noch nicht gewesen waren, oder Maschinen, die irgendwo herumstanden. Mit denen konnte man allerlei anstellen, und sei es nur, dagegenzutreten oder sie mit Steinen zu bewerfen. Alex mußte sich eingestehen, daß es eine gute Idee von Nick war, auf dieses Gelände zu kommen. Er war von seiner Weitläufigkeit und der gesamten etwas unheimlichen Atmosphäre des Sägewerks fasziniert. Sie rauchten heimlich und spielten Teenager-Spiele, bei denen es ums Küssen oder Ausziehen ging. Zumindest Nick, Cedric und die drei Mädchen taten das. Alex kam es vor, als steuerten sie die Spiele so, daß er dabei außen vor blieb. Er beneidete Nick, der jünger war, aber seine Unschuld schon lange verloren hatte. Das wußte Alex, weil Nick kein Geheimnis daraus machte. Bei Cedric war er sich nicht sicher. Zuzutrauen wäre es ihm gewesen, den Mädels sowieso. Jacqueline und Nick kamen sich näher. Während sie sich zaghaft befummelten und dabei dämlich kicherten, kümmerten sich Lea und Mara gemeinsam um Cedric. Sie fesselten ihn mit einer herumliegenden Kette an einen Stahlpfosten und schienen die Macht über ihn zu genießen. Sie lachten und verhöhnten Cedric, der sich aber ganz offensichtlich nur zum Schein darüber ärgerte. Sicherlich genoß er die Aufmerksamkeit dieser beiden Grazien.

Alex widerte das an. Er entfernte sich von der Gruppe und erkundete ein längliches Gebäude etwas abseits, in dem er noch nicht gewesen war. Dort waren die Stimmen der anderen nur noch mit Anstrengung zu hören. Es war nicht klar erkennbar, was in diesem Gebäudeteil mal untergebracht war, die Gänge waren ausgeräumt und rochen nach Regen und feuchten Mauern. Von den Decken baumelten blecherne Lampenschirme ohne Glühbirnen. Außer Unkraut und einigen Pfützen gab es nichts. Der Gang mündete in eine Treppe, die in ein Untergeschoß führte.

»Hallo?«, rief Alex. Es hallte. »Ist hier jemand?«

Es war klar, daß niemand dort sein würde, aber Alex wollte auf Nummer sicher gehen. Auf die Begegnung mit einem Penner, der sich eingenistet hatte und sein Revier verteidigen wollte, konnte er gut verzichten. Die Dunkelheit nahm mit jeder Stufe zu, die Alex nahm. Am Ende der Treppe war schemenhaft ein Türrahmen zu erkennen,

der zwei Räume voneinander abteilte. Ein raschelndes Geräusch war zu hören.
»Hallo?«, wiederholte Alex.
Keine Antwort.
Mit kleinen Schritten schlich er auf den Türrahmen zu. In den Nebenraum gelangte nun gar kein Licht mehr. Es war stockfinster. Vorsichtig tastete sich Alex voran. Auf dem Boden lag etwas, aber Alex konnte nicht spüren, was. Der modrige Geruch wurde intensiver. Wieder raschelte es; das Geräusch war ganz nah. Alex fühlte etwas an seinem Bein und zog es ruckartig zurück. Sein Herz raste. Erschrocken drehte er sich um und blickte in Richtung der Treppe, über die er gekommen war. Nicht, daß plötzlich Nick und Cedric hinter ihm standen und ihm einen Streich spielten.
Niemand da.
Alex hatte Angst, aber die Neugier trieb ihn vorwärts. Er wollte wissen, was in diesem Raum war und wohin er führte. Die Dunkelheit war drückend. Erneut das Rascheln, aber wieder weiter entfernt. Das konnte er sich doch nicht einbilden!
»Was ist denn da?«, fragte er mehr sich selbst. »Da ist doch was!«
Noch ehe Alex der Sache genauer auf den Grund gehen konnte, raschelte es wieder, und im selben Moment spürte er einen beißenden Schmerz in der linken Wade.
Alex stöhnte.
Er taumelte rückwärts zurück zur Treppe. Der Schmerz wurde stärker und breitete sich in der ganzen Wade aus.
»Scheiße, was war das?«, schimpfte Alex und zerrte sich die Treppe hoch. Wirklich gut war das Licht dort oben zwar nicht, aber es genügte, um zu erkennen, daß sein Hosenbein an einer Stelle einen Riß hatte. Alex setzte sich auf die obere Treppenstufe, um sich die Wunde anzusehen. Aus einem kreisförmigen Loch rann etwas Blut. Viel war nicht zu erkennen, aber es brannte wie Feuer. Alex

zog das Hosenbein wieder herunter und machte sich auf den Rückweg zu den anderen. Der Schmerz nahm zu. Ihm war unerklärlich, was ihn dort angegriffen hatte und was einen solchen Schmerz auslösen konnte. Er war zwar imstande, zu gehen, aber das Brennen breitete sich wie ätzende Säure im ganzen Bein aus.

Aus der Entfernung hörte er die Mädchen gackern. Diese blöden Ziegen! Hatten nichts besseres zu tun, als sich an die beiden Halbstarken heranzumachen. Und die wiederum waren so naiv, sich von den Weibsbildern einlullen zu lassen. Alex hinkte in die Werkshalle und unterbrach die Ringelpiez-Spielchen.

»Kann mal jemand kommen, bitte?«, rief er in die Halle.

Die anderen drehten sich zu ihm um und sahen ihn mit großen Augen an. Nur Cedric kam angerannt. In seinem Gesicht stand ein Ausdruck von Besorgnis, die ihm Alex auch abkaufte. Anscheinend konnte er auch anders als nur den Casanova heraushängen zu lassen. »Was hast du denn gemacht?«, fragte er aufgeregt und schob die Stofffetzen zur Seite. Die Wunde hatte dieselbe Form wie zwei Minuten zuvor, blutete aber nicht mehr.

Auch Jacqueline, Lea und Mara kamen auf Alex zu. Ihm war, als hätten sie seine Abwesenheit vorher gar nicht bemerkt. Nur einer fehlte. »Ist Nick schon gefahren?«, fragte er in etwas gequältem Tonfall.

»Mußte mal um die Ecke gehen«, antwortete Lea, sah sich dabei aber Alex' Verletzung interessiert an.

»Komm hier rüber. Setz dich mal«, sagte Mara und versuchte, Alex abzustützen. Sie half ihm, sich auf einen Holzstapel zu setzen. »Was ist passiert? Wo warst du denn?«

»Ich weiß nicht. Da hinten ist so eine Art Keller. Und da muß mich irgendwas gebissen haben«, sagte Alex und bemühte sich, nicht weinerlich zu wirken. Er wollte sich

vor Cedric nicht blamieren. Und vor den Mädchen erst recht nicht.
»Bestimmt ’ne Ratte«, meinte Cedric und verschränkte arrogant die Arme vor der Brust, als habe er nun Nicks Stelle eingenommen und sei derjenige, der alles weiß.
»Ach was«, entgegnete Alex, um den Gedanken herunterzuspielen. »Wahrscheinlich bin ich nur irgendwo dagegengestoßen, keine Ahnung. Es blutet ja auch gar nicht mehr.« Alex kamen ihm Bilder von Blutentgiftungsprozeduren in den Sinn, schmerzhaften Spritzen und chirurgischen Eingriffen an der Wunde. Tollwut war jedenfalls nicht ausgeschlossen.
»Tut’s weh?«, fragte Mara fürsorglich.
Erst in diesem Moment wurde Alex bewußt, daß es gar nicht mehr schmerzte. Er schaute das Mädchen überrascht an. Was eben noch im ganzen Bein brannte, war mit einem Mal wie weggeblasen. Einzig Kopfschmerzen wären nennenswert gewesen, aber die hatte Alex häufig, deshalb maß er ihnen keine Bedeutung bei.
»Überhaupt nicht mehr«, antwortete Alex. »Eben gerade hat alles weh getan, aber jetzt geht’s wieder.« Es war ihm beinahe peinlich. So recht erklären konnte er sich das nicht. Für einen Moment lang schaute er Mara an, als habe sie Wunderhände. Es waren nur ein oder zwei Sekunden, aber sie genügten, um zu realisieren, daß Mara bildhübsch war. Bis zu diesem Moment war ihm das nicht aufgefallen.
»Kommt jetzt«, ging Cedric dazwischen. Natürlich er. Die unfreiwillige Unterbrechung der Flirterei mit Lea und Mara konnte ihm schließlich nicht recht sein. Schon gar nicht, wenn ausgerechnet Außenseiter Alex plötzlich drohte, zu seinem Kontrahenten zu werden.
Alex zog die Hose wieder glatt und sprang von dem Holzstapel, als sei nichts gewesen. Lea und Cedric hatten sich schon auf den Weg an das vordere Ende der Halle

gemacht, Mara folgte ihnen. Im selben Moment kam auch Nick zurück.
»War was?«, hörte Alex ihn fragen.
»Alex hat sich irgendwie am Bein verletzt, ist aber nichts weiter«, antwortete Jacqueline gelangweilt. Nick ging auf diese Bemerkung nicht ein und sah Alex noch nicht einmal an.

Der stand noch einen Augenblick neben dem Holzstapel, faßte dann aber seinen Mut zusammen und lief zu den anderen. Er wollte die Mädchen nicht nur Nick und Cedric überlassen. Er wollte dazugehören, auch einer von den Coolen sein und anerkannt werden. Mit dem letzten Platz wollte sich Alex nicht mehr zufriedengeben. Es war an der Zeit, endlich selbst aktiv zu werden. Bis er da sein würde, wo Cedric und Nick waren, würde es noch ein weiter Weg sein.

4

Lea verteilte eine Runde Zigaretten an alle. »Die habe ich heute morgen dem Freund meiner Mutter geklaut, und der fragt sich wahrscheinlich, wo er die Schachtel schon wieder hingelegt hat«, erklärte sie.
Sie setzten sich im Kreis auf den Boden und spielten mit einer herumliegenden Bierflasche Flaschendrehen. Natürlich ging es in den ersten Runden nur um Schweinkram, bis die Fragen allgemeiner wurden. Cedric war an der Reihe, und der Flaschenhals zeigte auf Alex.
»Hast du schonmal was richtig Böses gemacht, und wenn ja, was?«, fragte Cedric.
Alex überlegte, aber ihm fiel nichts ein. Während er nach einem passenden Erlebnis suchte, durchzuckte ein stechender Schmerz seinen Kopf. Es fühlte sich an, als

bohrte sich etwas Spitzes durch seine Schädeldecke. Sein linkes Bein wurde schwer, die Wunde begann zu pochen und zu brennen. Alex verzog das Gesicht, stöhnte auf und sah das Sägewerk voller Männer. Sie trugen dunkelblaue Kittel und blaue Mützen mit Ohrenschützern darunter, ein unbeschreiblicher Lärm erfüllte die Halle. Es roch nach frischem Holz. Dünne Leisten verließen die Halle auf einem Förderband. Im Hintergrund schrie eine Kreissäge, Motoren brummten. Männer riefen durcheinander. Alex' Blick fiel auf eine riesige Bandsäge in der Mitte der Halle. Das Blatt sauste senkrecht hoch und runter und zerteilte einen Baumstamm der Länge nach in zwei Hälften.

Plötzlich sprang ein Arbeiter auf Alex zu und brüllte ihn an: »Wer bist du? Was hast du hier verloren, du Schuljunge?« Der Mann sah verbraucht aus. Seine Haut war faltig und mit Sägespäne besprenkelt, die Augen funkelten bedrohlich. Seine Hände waren blutverschmiert. Alex war wie gelähmt.

»Antworte mir!«, schrie der Mann, aber Alex konnte sich nicht bewegen. Er wollte etwas sagen, aber so sehr er sich auch anstrengte, es war nur ein leises Jammern, das seine Lippen verließ. Kein Wort, kein Schrei wollte ihm gelingen. Gebannt starrte Alex auf den Arbeiter und vernahm die Geräusche des Sägewerks wie durch Watte.

»Verdammter Rotzbub! Du hast hier nichts verloren! Verschwinde hier!«, brüllte der Mann, holte mit der blutigen Hand aus und schlug Alex ins Gesicht. Erst da gelang Alex ein Schrei.

»Alex!«, rief eines der Mädchen aufgeregt. »Was ist los?«

Alex lag auf dem Rücken und hielt sich seine Wange. Sie glühte.

»Tut mir leid«, sagte Cedric und beugte sich über ihn. »Es ging nicht anders. Du warst plötzlich wie weggetreten.«

Alex sah sich um. Alles leer. Die Halle war verfallen. Keine Männer, keine Sägen, kein Holz. Stille. Nur er und die anderen, die ihn verstört ansahen. Mara stand die Angst im Gesicht.

»Ich weiß nicht«, fing Alex an und richtete sich wieder auf. »Leute. Da waren Leute. Hier drin.«

»Wo?«, fragte Nick und sah sich um.

»Hier drin. Alles voll. Das Sägewerk. So, wie es damals wohl gewesen sein muß. Fließband … Maschinen … Mehr weiß ich nicht.«

Nick und die anderen schauten sich ratlos an. »Du hast plötzlich rumgeschrien und um dich geschlagen«, sagte Nick dann mit vorwurfsvollem Unterton.

»Ja«, bestätigte Mara, »du hast mich angebrüllt: ›Antworte mir!‹, und: ›Verdammter Rotzbub, verschwinde hier!‹ Dann hast du nach mir geschlagen und hättest mich beinahe im Gesicht getroffen.« Zu der Angst in ihrem Gesichtsausdruck gesellte sich ein gewisses Entsetzen.

Alex fühlte sich leer. »Tut mir leid«, sagte er, »ich kann mich an gar nichts erinnern.«

Keiner der sechs hatte mehr Lust auf Flaschendrehen. Überhaupt war der Nachmittag gelaufen. Sie verabredeten sich für den nächsten Tag, gingen zu ihren Fahrrädern zurück und fuhren, ohne viele Worte zu verlieren, nacheinander nach Hause.

5

Alex erwachte aus einem unruhigen Halbschlaf. Die Schmerzen des Vortags waren wieder da. Die Wunde an seinem Bein hatte sich vergrößert und pulsierte. Vorsichtig tastete Alex sie ab. Sie brannte, war rot und erkennbar entzündet. Alex verzog das Gesicht. Der Anblick widerte ihn an, aber es gelang ihm nicht, sich von dieser Stelle zu lösen. Vorsichtig drückte er die Wunde zusammen, woraufhin ein dicker Tropfen gelblichen Eiters herausquoll. Alex entfuhr ein Stöhnen des Ekels. Daß so etwas aus seinem Körper herauskam! Mit einem Taschentuch wischte er das Sekret weg, tupfte die offene Wunde ab und behalf sich mit einem großen Pflaster. Wie auch am Tag zuvor war der Schmerz nach wenigen Minuten vollständig verschwunden. Es war, als wäre nie etwas gewesen.

Am Nachmittag kam er als Letzter am Sägewerk an. Niemand sprach mehr über den Vorfall am Vortag. Lea hatte wieder Zigaretten besorgt und ließ keine Gelegenheit aus, sich sowohl an Cedric als auch an Mara heranzumachen. Anscheinend war ihr selbst nicht recht klar, was sie wollte, aber Alex konnte nicht erkennen, ob Mara diese Annäherungsversuche auch erwiderte.
Das andere Grüppchen aus Nick und Jacqueline kapselte sich immer weiter ab. Oft schlenderten die beiden allein durch die Werkshallen, spielten und alberten zu zweit, und für Alex war es nur eine Frage der Zeit, bis auch Jacqueline ihre Unschuld verlieren würde, und zwar an Nick. Für den schien das eine seiner leichtesten Übungen zu sein, und er gab sich keine Mühe, dieses Talent zu verstecken. Alex beneidete ihn um die Leichtigkeit, mit der er Jacqueline imponierte, und sie fraß ihm förmlich aus der Hand – ein Privileg, das Alex ewig verwehrt bleiben würde.

Während Nick und Jacqueline in einem abgelegenen Teil des Sägewerks Leas Zigaretten rauchten, erkundeten die anderen mit den Fahrrädern das übrige Gelände. Die Gebäudekomplexe zogen sich ein weites Stück in den Wald hinein. Es war nicht mehr zu erkennen, wozu die einzelnen Gebäude einmal gedient hatten. Zu zerfallen war alles, zu verdreckt und heruntergekommen. Eines der Gebäude war mit einer schweren Eisenkette und einem

rostigen Vorhängeschloß versperrt. Auf einem völlig verwitterten Blechschild stand: »Zutritt verboten! Einsturzgefahr!«
Cedric lehnte sein Mountainbike an die Backsteinmauer und lief um den Bau herum.
Lea klammerte sich an den Lenker ihres Fahrrads. »Schon komisch, oder?«, meinte sie leise, ohne Mara oder Alex dabei anzusehen.
»Was?«, fragte Mara.
»Na, das alles hier. Ich find's unheimlich. So alt und zerfallen … Merkwürdig, daß sowas jahrzehntelang brach liegt, daß hier niemand ist. Ich meine, hier steht und liegt noch lauter Zeug rum, das muß doch mal jemandem gehört haben. Sowas lässt man nicht einfach so zurück. Hier stimmt was nicht.«
Das stimmte. Alex mußte das insgeheim auch zugeben, hätte es aber nie gesagt. Es genügte schon, daß sich keines der Mädchen für ihn interessierte, aber wenn er sich nun auch noch als Angsthase zu erkennen geben würde, dann wäre es ganz vorbei.
»Du hast ja gehört, was Nick gesagt hat«, gab Mara zu bedenken. »Nach dem Massenmord haben die hier alles dichtgemacht.«
»Wenn's diesen Massenmord überhaupt gegeben hat«, wandte Lea ein und sah noch immer auf das zerfallene Gemäuer vor ihnen.
Alex fand, daß es an der Zeit war, sich nun auch endlich an diesem Gespräch zu beteiligen. »Den hat es gegeben«, erwiderte er trocken.
Lea und Mara warfen Alex ernste Blicke zu, sagten aber nichts. Erst nach ein paar Sekunden warf Mara ein: »Vielleicht hat Lea recht, und irgendwas ist hier faul. Hier steht alles noch so rum, als wäre es fluchtartig verlassen worden. Von dieser Sache gestern ganz zu schweigen. Ich find's langsam auch gruselig.«

Wieder schwiegen alle. Die Luft roch sauer. Alex hatte denselben Gedanken wie die Mädchen. Irgend etwas stimmte hier ganz und gar nicht. Das wußte Alex spätestens seit diesem seltsamen Biß in dem dunklen Kellerraum. Das war keine Ratte und auch kein rostiger Nagel gewesen. Etwas war dort unten. Es lauerte dort und wartete auf Nachschub. Früher oder später würde es die anderen auch erwischen. Weiß der Geier, was es mit ihnen anstellen würde.

Lea drehte sich zu Mara und ergänzte: »Ich finde, wir sollten abhauen.« Sie sah erst Mara, dann Alex an. In ihrem Blick stand die blanke Angst. »Hier ist irgendwas!«

»Hier geht's rein!«, rief Cedric zwischen zwei Büschen heraus. Sie standen so dicht an der Mauer, daß Cedric nicht zu sehen war. Lea, Mara und Alex erlagen dem Gruppenzwang. Sie stellten ihre Fahrräder ebenfalls ab und gingen in die Richtung, in die Cedric verschwunden war. Im Inneren des Hauses waren Schienengleise verlegt. Auf einem prangte eine Maschine mit gezackten Walzen. Davor stand ein Transportwagen mit einer langen Deichsel, an der ein Steuerrad befestigt war. Aus den Bodenplatten des Baus drückte sich Unkraut. An einer Wand lehnte eine eiserne Schubkarre.

»Geil!«, rief Cedric, nahm Anlauf und trat mit voller Wucht dagegen. Mit lautem Poltern fiel die Schubkarre um und krachte auf den Boden. Der Hall ging durch Mark und Bein.

»Vollidiot!«, schimpfte Lea und verzog das Gesicht. Cedric lachte sich kaputt.

Noch bevor Lea etwas erwidern konnte, zuckte Alex wie bei einem spastischen Anfall zusammen. Von einer Sekunde auf die andere verspürte er wieder dasselbe Ziehen in Kopf und Bein wie am Vortag. Im selben Moment war die Halle belebt. Es war dieselbe Halle, die er tags zuvor schon gesehen hatte, und wieder war er mitten im Werks-

geschehen. Überall sah er die Arbeiter, die schufteten und schleppten. Alex hörte die Sägen und das Gebrüll, das durch die Hallen ging. Es roch nach einer Mischung aus Holz, Öl und Benzin, der Boden war übersät mit Säge- und Hobelspäne.
»Junge, verschwinde hier!«, rief derselbe Mann, der Alex schon begegnet war. Das Blut klebte inzwischen auch in seinem Gesicht. Wieder sauste im Hintergrund die Bandsäge hoch und runter und gellte, daß einem schlecht werden konnte. Neben dem Sägeblatt lag ein blutiger Matschhaufen. Erst auf den zweiten Blick nahm er die Gestalt von mehreren Körpern an. Sie waren verstümmelt. Die abgetrennten Gliedmaßen lagen daneben, dunkelrotes Blut triefte heraus. Eine Frauenstimme rief ihm zu: »Alex! Hilf mir!«
Alex starrte auf die Säge. Mit bedrohlichem Tempo ratterte das Blatt hoch und runter. Der blutverschmierte Arbeiter wandte sich von Alex ab, packte ein großes längliches Paket und warf es auf den Sägetisch.
»Hilf mir«, bettelte die Frauenstimme noch einmal. »Ich bin die tote Frau!«
Der Mann drückte das Paket durch die Säge. Ein kreischendes Geräusch ertönte, als der Körper spritzte und in zwei Hälften zerteilt wurde. Alex war wie gelähmt. Er wollte schreien, aber er konnte nicht. Sein Kopf schien vor Anspannung beinahe zu explodieren. Der Schmerz durchbohrte jede seiner Hirnwindungen und war kaum zu ertragen. Alex preßte die Augen zu und verzog das Gesicht zu einer häßlichen Fratze. Endlich gelang es ihm, aus voller Kraft zu brüllen: »Er bringt uns um!«, schrie er aus Leibeskräften. Es hallte ohrenbetäubend.

»Alex!«, rief Lea, »Was ist los? Bist du dem Teufel höchstpersönlich begegnet? Hör auf, so zu schreien!« Sie hielt Alex an den Armen und schleuderte ihn herum. Seine weit aufgerissenen Augen waren tränenfeucht, sein wahnsinniger Blick verschwommen. Aus dem Pflaster an seinem Bein rann Blut. Die Wunde war größer geworden.

6

»Der hat sie nicht mehr alle. Ist sowieso ein komischer Kauz.« Nicks Kommentar brachte es auf den Punkt. Jacqueline stimmte ihm durch eine Kopfbewegung zu. Es war nicht nötig, diesen Gedanken weiter auszuführen, aber ihnen allen war klar, daß sie über die Geschehnisse sprechen mußten.

»Warum ist er so? Ich meine, daß mit ihm was nicht stimmt, ist ja offensichtlich. Aber was genau ist los mit ihm?« Mara klang zwar besorgt, aber auch ein wenig naiv. Die anderen zuckten mit den Achseln. Sie saßen nebeneinander auf einem Stapel staubiger Holzbretter. Sie hatten sich eine Stunde früher als sonst verabredet. Alex wußte natürlich nichts von dieser konspirativen Besprechung, aber er hätte sich denken können, daß sich die anderen über ihn unterhielten. Es kam selten vor, daß andere über ihn sprachen, aber wenn er sich nun mal eine mehr als seltsame Verletzung eingefangen hatte und kurz darauf zweimal nacheinander ausgerastet war und im Wahn um sich geschlagen hatte, war das wohl Grund genug zur Aussprache.

»Das fing mit der Verletzung an«, sagte Cedric, »als er aus diesem Kellerraum zurückkam. Von da an ist er durchgedreht.«

»Ich gehe da nicht runter«, protestierte Lea sofort, obwohl es darum noch gar nicht ging.

»Wenn da was ist, sollten wir aber nachsehen«, antwortete Nick. »Wenn das gefährlich werden kann, sollten wir hingehen und es platt machen. Nicht, daß es noch einen von uns erwischt.«

»Mich kriegt da keiner hin«, gab Lea sofort zu verstehen. »Ich find's hier auch nicht mehr so gemütlich.«

»Was soll das heißen?«, fragte Nick. Natürlich würde er keinen Rückzieher dulden. Anscheinend sah er seinen Status als Gruppenanführer in Gefahr, und den wollte er sich von Lea nicht nehmen lassen. Nicht von einem Mädchen! Nick brauchte das nicht auszusprechen; Lea war völlig klar, daß Nick so dachte.

Sie griff nach ihrer Handtasche, holte eine Zigarette heraus und steckte sie sich an. »Es ist dieses Sägewerk. Irgendwas stimmt hier nicht. Ich find's komisch, wenn einer von uns durchdreht und anfängt, wie wild um sich zu schlagen und zu schreien: ›Er wird uns alle umbringen!‹« Lea blies den Rauch in die Höhe und setzte erneut an. »Gut, er ist eigenartig, und von mir aus könnte er auch zu Hause bleiben, aber wir können ihm ja schließlich nicht verbieten, hierherzukommen. Vielleicht treffen wir uns einfach woanders und sagen ihm nichts davon? Wir sollten hier jedenfalls weg. Hier ist was Böses.«

»So ein Quatsch!«, rief Cedric. »Der ist bestimmt nur gegen irgendwas gelaufen, hat er selbst gesagt. Davon dreht man nicht gleich durch. Wahrscheinlich will er nur den Dicken spielen, um bei einer von euch zu landen. Was Böses, so ein Unsinn.«

Die anderen schwiegen. Lea erwischte sich bei dem Gedanken, daß Cedrics Theorie wahrscheinlicher war als der Glaube an etwas Böses, von dem sie selber keine genaue Vorstellung hatte. So richtig schien auch von den anderen keiner eine Idee zu haben, wie man das Problem mit dem Namen »Alex« lösen konnte.

Mara beugte sich vor. »Machen wir doch folgendes: Wir bleiben bis auf weiteres hier und lassen uns nichts anmerken. Alex sagen wir, daß er mit seiner Verletzung zum Arzt gehen soll. Vielleicht werden wir ihn ja auf diese Weise los. Dann haben wir erstmal unsere Ruhe und

können dann immer noch entscheiden, ob wir hierbleiben.«
Die anderen nickten. »Ist gut«, sagte Cedric. »Wer geht in den Keller, in dem sich Alex gestoßen hat?«
Nick hob die rechte Hand und streckte dabei den Zeigefinger aus. »Keiner außer mir?«, fragte er vorwurfsvoll.
Lea, Jacqueline und Mara sahen auf den Boden, als wollten sie Nicks unausgesprochener Aufforderung entgehen.
»Schisser!«, kam es von Nick. Er ließ aber offen, ob er alleine dort runtergehen wollte.

Als sich Alex schließlich dem Sägewerk näherte, sahen ihn die anderen schon von Weitem. An seinem linken Bein leuchtete etwas Weißes. Der Schotter knirschte unter den Fahrradreifen, als er die letzten Meter bis zur Werkshalle zurücklegte.
»Was ist mit deinem Bein?«, rief Lea von drinnen und deutete auf den Verband.
»Die Wunde ist größer geworden«, antwortete Alex. »Morgens brennt's wie Sau, da läuft irgendwas Gelbes raus. Aber dann geht's wieder.«
Lea war unwohl. Sie und Mara schauten sich skeptisch an. Nein, mit Alex wollte sich wirklich niemand in dieser Runde näher beschäftigen, und es wäre ihr und wahrscheinlich auch den anderen das liebste gewesen, er würde ihnen vom Pelz bleiben.
Etwas außer Puste kam Alex zu ihnen nach drinnen. Jacqueline tat einen Schritt zurück. Ein herzlicher Empfang sah anders aus.
»Warst du damit mal beim Arzt?«, fragte Nick ernst. Jetzt war für ihn wohl der Moment gekommen, seine Autorität als Chef auszuspielen.
»Gestern, ja. Ist aber nichts. Der Arzt meinte, es wäre eine harmlose Schürfwunde, die sich einfach nur entzündet hat. In ein, zwei Wochen ist alles verheilt.«
»Das hat er gesagt?«, fragte Jacqueline ungläubig.

»Ja, und außerdem hat er mir diesen Verband angelegt«, sagte Alex und hob sein linkes Bein demonstrativ nach oben.
Nick legte nach: »Und was ist mit diesen Wahnvorstellungen? Was hat der Onkel Doktor dazu gesagt?«
»Das habe ich für mich behalten. Außerdem weiß ich selbst ja gar nichts davon«, entgegnete Alex und machte sich nichts aus Nicks Vorgesetzten-Allüren. »Hat jemand Kippen dabei?«, versuchte er, von sich abzulenken. Ihm war wichtig, die Verletzung und die offenbar daraus resultierenden Visionen nicht weiter zu thematisieren. Er hatte höllische Angst vor einem Arzt und wollte seinen ohnehin schon wackeligen Platz in der Gruppe nicht durch so etwas verlieren.

7

Die allgemeine Stimmung blieb getrübt. Nick und Jacqueline waren die Einzigen, denen das nichts auszumachen schien. Im Gegenteil: Sie verschwanden Hand in Hand in den Tiefen des Sägewerks und blieben eine ganze Weile weg. Alex, Lea und Cedric saßen in der Werkshalle; Mara war ins Gebüsch gegangen, um sich zu erleichtern. Alex gelang es, Cedric in ein Gespräch über Computerspiele zu verwickeln, was Lea überhaupt nicht paßte. Sie war enttäuscht, weil sie dachte, er mache sich nichts aus solchen Dingen. Es fiel ihr immer schwerer, ihre Begeisterung für Cedric aufrechtzuerhalten, was aber weniger an ihm lag als mehr an einem allgemeinen Unbehagen, das klar von dem gruseligen Sägewerk ausging. Sie traute diesem Ort nicht. Wobei das keine passende Beschreibung für ihre Sorge war. Es war mehr als das. Sie hatte Angst. Nur hätte sie das den anderen gegenüber nie zugegeben.

Mara kam aus den Büschen zurück und grinste bis über beide Ohren. »Pssst!«, flüsterte sie den dreien zu, während sie auf sie zugeschlichen kam. »Kommt mal hier rüber!«
Lea, Cedric und Alex drehten sich um. »Was ist?«, fragte Lea leicht genervt, aber Mara machte nur eine Armbewegung und verschwand in die Richtung, aus der sie gekommen war.
Die drei anderen folgten ihr leise, Cedric voran. Lea holte tief Luft und lief dicht hinter Cedric. Jetzt oder nie! Sie nahm all ihren Mut zusammen und griff nach Cedrics Hand. Der drehte sich kurz zu Lea um, zwinkerte ihr zu und erwiderte ihren Annäherungsversuch. Damit war zwischen ihm und ihr alles klar. Sie schlichen um die Mauerecke und steckten ihre Köpfe durch ein Loch in der Wand, durch das man in den Innenhof blicken konnte. Zwischen Geröll- und Schutthaufen und mannshohen Unkrautbüscheln hindurch konnten sie Nick erkennen, allerdings nur von hinten. Er hatte sich nicht einmal die Mühe gemacht, sich auszuziehen. Links und rechts von seinen Hüften waren Jacquelines Füße zu sehen, die rhythmisch auf und ab wippten.
Lea schwitzte. Der Druck von Cedrics Hand wurde stärker. Dieser Anblick erregte offenbar nicht nur sie.

Nach einer Weile wollte Mara wieder zurück in die Halle gehen. Alex kam das wie gerufen. Den Anblick, der sich ihm bot, konnte er nicht ertragen. Nicht, daß er eifersüchtig auf Nick gewesen wäre, aber daß er bei den Mädchen nicht landen konnte, war ihm sehr wohl bewußt. Da brauchte er keinen Nick, der ihm die Erfolglosigkeit beim anderen Geschlecht auch noch unter die Nase rieb. Und Mara machte nun wirklich keinerlei Anstalten, mit Alex etwas zu starten. Wäre er allein gewesen, hätte er sich diese Szene vielleicht noch länger angesehen. Daß nun auch Cedric und Lea Hand in Hand vor dem Loch in der Mauer standen und den beiden anderen zusahen, fand er

abstoßend. »Wie geschmacklos«, war sein einziger Kommentar.
»Ich will hier weg«, sagte Mara, als sie wieder allein in der Halle standen.
Alex sah sie an und war sich nicht sicher, ob er ihr zustimmen oder versuchen sollte, sie von der Faszination der Industrieruine zu überzeugen. Schließlich hatte Nick allen diesen Floh ins Ohr gesetzt, und Nick war jemand, dem man nicht widersprach. Alex war sich nicht sicher, was Mara hören wollte und mit welcher Antwort er ihr imponieren könnte.
Doch Mara schien gar keine zu erwarten, sondern trat mit dem Fuß einen rostigen Schraubenschlüssel weg, der vor ihr auf dem Boden lag. »Lea hat recht, hier stimmt was nicht.« Weiter kam sie nicht mehr.
Ein Krampf durchschoß Alex, sein Kopf schien zu platzen. Ein stechender Schmerz fuhr ihm ins linke Bein, in die Wunde, die sich von Tag zu Tag vergrößert hatte und brannte wie Chilischoten und mit der er natürlich *nicht* beim Arzt war. »Verschwinde hier, du Rotzbub! Du hast hier nichts verloren!«, brüllte derselbe Arbeiter, der Alex schon zweimal begegnet war. In der Mitte der Halle sah Alex wieder die blutverschmierte Bandsäge und die Leichenstapel daneben. Dunkelrote Pfützen glitzerten darunter.
»Alex«, jammerten mehrere Kinderstimmen, »hilf uns!«
Das Sägeblatt raste auf und ab und machte einen unerträglichen Lärm. Neben der Säge lagen drei kleine längliche Pakete. Der Arbeiter warf eines nach dem anderen auf den Sägetisch und drückte sie gegen das Blatt. Eine dickflüssige dunkle Flüssigkeit schoß aus den Paketen heraus, bis die Hälften links und rechts vom Sägetisch fielen und in die Pfützen klatschten.
»Du wirst sie nicht kriegen«, schrie der Arbeiter Alex an. »Du nicht!«

Alex hielt sich die Ohren zu, doch er hörte alles. Der Mann stieg auf den Sägetisch und legte sich mit dem Rücken darauf. Alex wollte zu ihm rennen, aber der Schmerz in seinem Bein blockierte ihn, so daß er keinen Schritt nach vorne gehen konnte. Im Liegen drückte der Mann auf einen Schalter an der Seite der Bandsäge. Das Sägeblatt bewegte sich auf ihn zu. Es hastete hoch und runter und mit konstanter Geschwindigkeit auf den Kopf des Arbeiters zu. Die Säge schien den Widerstand mit Leichtigkeit zu überwinden. Wie ein Springbrunnen spritzte die Flüssigkeit in alle Richtungen. Alex war es, als spürte er selbst das Sägeblatt in seinem Kopf. »Er bringt uns um!«, brüllte er und rannte los. Er rannte so schnell er konnte, ohne Ziel und eben so weit, wie er kam, aber so weit kam er nicht. »Er bringt uns um!«, rief er wieder. In Panik griff er nach einem Kantholz, das vor ihm auf dem Boden lag und schlug so fest er konnte zu.
Dann wurde alles schwarz.

8

»Ich kann immer noch nicht glauben, daß das wirklich passiert ist, obwohl es erst eine Woche her ist. Ich will es trotzdem aufschreiben, bevor ich es wieder vergesse. Das Wichtigste vorweg: Ich bin jetzt fest mit Jacqueline zusammen. Sie ist zwar sechszehn, aber egal. Wir haben es offiziell gemacht. Lea und Cedric haben sich auch gefunden. Es war ja nur eine Frage der Zeit. Trotzdem sind sie irgendwie unentspannt. Die Sache mit Alex hat die beiden ziemlich mitgenommen. Er ist in der Psychiatrie. Wir mußten ihn zu viert festhalten, sonst hätte er Mara wahrscheinlich erschlagen. Er hat mit einem Holzbalken auf sie eingedroschen. Es geht ihr inzwischen besser, aber sie wird noch eine ganze Weile im Krankenhaus bleiben. Die

Ärzte meinten, sie hätte einen Leberriß und eine Gehirnerschütterung. Außerdem ist ihr rechtes Bein gebrochen. Deshalb muß sie für eine Weile auf Krücken gehen. Wahrscheinlich wird es Wochen dauern, bis sie wieder halbwegs normal laufen kann. Keiner von uns weiß, was in Alex gefahren war. Mara sagte, er sei wieder ausgerastet, habe um sich geschlagen, herumgebrüllt von wegen ›er‹ würde uns alle töten, und dann habe Alex wie ein Wahnsinniger auf sie eingeschlagen. Zum Glück haben wir ihre Schreie gehört und sind noch rechtzeitig dazwischengegangen, um das Schlimmste zu vermeiden.
Ich habe ja gleich gesagt, daß da unten im Keller irgendwas ist und daß wir runtergehen sollten, um nachzusehen. Ich war gestern selber da, aber es ist zu dunkel, man sieht absolut nichts. Vielleicht gehe ich nächste Woche mal mit einer Taschenlampe rein. Irgendwo müßte ich noch eine liegen haben. Aber erstmal muß ich mich um mein Bein kümmern. Mich hat da unten irgendwas gebissen. Ich habe eine Wunde am Bein, etwa so groß wie ein Zwei-Euro-Stück. Erst hat's im ganzen Bein ganz übel gebrannt, aber mittlerweile tut's nicht mehr weh. Nur heute morgen, da lief so gelbliches Zeug raus.«

Unsere Straße

Als Kind glaubte ich an das Christkind und an den Osterhasen.
Als Jugendlicher glaubte ich an das Gute im Menschen.
Als junger Erwachsener glaubte ich, die Welt würde mir zu Füßen liegen.
Inzwischen bin ich schlauer.

Wir sind im Frühling 2008 hierhergezogen. Hierher, in eine völlig normale deutsche Kleinstadt. Jedenfalls dachte ich das lange Zeit, bis ich zwischenzeitlich den Eindruck gewann, daß das nicht der Fall war. Mittlerweile bin ich zu meinem Ausgangspunkt zurückgekehrt und behaupte wieder, in einer völlig normalen deutschen Kleinstadt zu leben. Und genau das ist das Problem.

Natürlich gibt es in dieser Stadt eine Hauptstraße. Genau so, wie es auch eine Bahnhofstraße, eine Bismarckstraße und hinten im Industriegebiet eine Dieselstraße gibt. Wie in jeder Stadt. Trotzdem waren die Stadtplaner seinerzeit recht kreativ, was das Vergeben von Straßennamen angeht. In einem Neubaugebiet etwas außerhalb haben die Straßen Namen von Gemüsesorten. Dort gibt es die Tomatenstraße. Und den Paprikaweg, den Kohlweg, den Selleriepfad und den Zwiebelring, ein großartiges Wortspiel, zumal diese Straße tatsächlich eine Ringstraße ist. Ich stelle mir immer gerne vor, wie lustig es klingen muß, wenn ein Bewohner einer solchen Straße einem Fremden am Telefon seine Adresse durchgibt: »Zwiebelring 18«

oder »Tomatenstraße 39«. Im Viertel nebenan sind die Straßen nach Obstsorten benannt. Wie sie dort heißen, können Sie sich ja denken.
Etwas weiter hier drüben, am nördlichen Rand, gibt es ein Wohngebiet, in dem die Straßen wie Gewürze heißen. Da findet man unter anderem die Pfefferstraße, den Salzpfad, den Curryplatz, die Kreuzkümmelgasse und die Muskatallee. »Muskatallee« ist gleich in doppelter Hinsicht irreführend. Dort stehen gar keine Bäume, erst recht keine Muskatnußbäume. Weiß der Teufel, was die Stadtplaner sich dabei gedacht haben. Wenn sie das überhaupt haben.
Ich selbst lebe mit meiner Frau und Tochter im Farbenviertel. Es ist nur ein kleines Wohngebiet ohne Durchgangsverkehr, etwas abseits gelegen. Hier bei uns sind alle Straßen nach Farben benannt. Meine Lieblingsfarbe ist zwar grün, aber die »Grüne Straße« liegt weiter unten und zweigt von »Gelbe Straße« ab. Die Straße, in der wir leben, heißt »Schwarze Straße«, und wenn Sie mich fragen, völlig zu recht.

Hier vorne, am Beginn, stehen Ein- und Zweifamilienhäuser und Doppelhäuser. Nichts Auffälliges, die normale Durchschnittsbehausung des Spießertums. Etwas weiter nach hinten raus werden es Mehrfamilienhäuser, größer und langweiliger und erinnern entfernt an abgeflachte Hochhäuser. Ganz am Ende der Straße stehen ein paar Reihenhäuser aus den 60ern. Die Schwarze Straße ist ruhig. Zumindest auf den ersten Blick. Schaut man genauer hin, kann einem schlecht werden.

Lange habe ich mich gefragt, wer in diesen Häusern lebt. Irgendwann habe ich mich auf die Suche nach den Menschen darin gemacht und dabei mehr erfahren als mir lieb ist. Nach vielen Bewohnern und ihren Geschichten habe ich gar nicht gezielt gesucht, sie sind mir sozusagen zugeflogen. Einige der Geschichten möchte ich Ihnen gerne erzählen. Für jemanden, der nicht hier lebt, sind sie wahrscheinlich amüsant. Ich möchte Sie bei dieser Gelegenheit herzlich einladen, mich, meine Familie und die überaus reizende Schwarze Straße zu besuchen. Sie können Bekanntschaft mit ausgesprochen skurrilen Persönlichkeiten machen. Es sind normale Leute, bürgerliche Menschen aus der Mittelschicht. Menschen wie Sie und ich.

Es mag ein Zufall sein, daß sich ausgerechnet in Nr. 6 eine Dachgeschoßwohnung befindet, in der sich schon vor Jahren eine Studenten-WG mit wechselnden Bewohnern eingenistet hat. Aktuell ist es eine Fünfer-WG, bestehend aus drei jungen Männern und zwei Frauen, alle Anfang bis Mitte 20. Jura, Medizin, BWL, Soziologie und, soweit ich weiß, Germanistik auf Lehramt. Drei von ihnen sehen schwer gepflegt aus; sie kommen ganz offensichtlich aus gutem Hause. Den beiden anderen sieht man an, daß sie Studenten sind. Als ich noch studiert habe, habe ich abends und am Wochenende Pizza ausgefahren und gelegentlich Nachhilfe gegeben, um an Geld zu kommen. Von zu Hause gab's nicht allzuviel. Die Studenten in Nr. 6 fahren keine Pizza aus. Sie drehen Pornofilme. Hartes Zeug mit Peitschen und Fesseln. In diesem Haus ist ein ständiges »Kommen« und Gehen, wenn Sie verstehen, was ich meine. Die WG hat auffallend oft Besuch, und glauben Sie ja nicht, daß der nur zum Kaffeetrinken oder zum gemeinsamen Lernen kommt. Es sind auch längst nicht nur Gleichaltrige, die dort ein- und ausgehen, sondern auch ältere »Semester«. Das Wohnzimmer, in dem sie ihre Filmchen drehen, führt zur Straße hin. Wenn man spät abends oder nachts rausgeht und sich auf die andere Straßenseite stellt, dann kann man das rote Licht und die Schatten erkennen und ahnen, was dort gerade passiert. Wenn man dann ganz leise ist, dann kann man sie sogar hören – wenn man darauf Wert legt.

Schwarze Straße 6, in deren Dachgeschoßwohnung sich ein primitives Filmstudio für schmierige SM-Pornos befindet, das müssen Sie sich mal vorstellen! Ein Arbeitskollege hat mir einen dieser Filme zugeschickt. Kein Zweifel: Das waren sie. Ich erspare Ihnen die Details, ich konnte ihn mir nicht bis zum Ende ansehen.
Es fällt mir schwer, ihnen in die Augen zu sehen, wenn sie mir auf der Straße begegnen. Die Vorstellung, daß diese sonst so soliden Studenten tagsüber in der Uni in Seminaren und Vorlesungen sitzen und Hausarbeiten über Gesellschaftsentwicklungen, den Lohnsteuerjahresausgleich oder das Herz-Kreislauf-System schreiben, finde ich befremdlich. Aber sie tun es schon, so lange sie hier sind und scheinen damit mehr Geld zu verdienen als ich. Ich kann mir keine S-Klasse oder einen A6 leisten.

Ironischerweise wohnt gegenüber, sozusagen mit direktem Blick auf dieses Freudenhaus, Herr Wolper. Er ist ein netter älterer Mann, schlank, groß und einer von der Sorte, die im Sommer kurze Hosen, Strümpfe und Sandalen tragen. Er lebt schon ewig hier und ist Mitglied im Kirchenvorstand. Das Gemeindezentrum ist nur einen Steinwurf von hier entfernt, aber nicht mehr im Farbenviertel. Ich bin nicht so der Kirchengänger, deshalb weiß ich wenig über das, was dieser Wolper tagsüber so macht. Meine Tochter kennt ihn vom Konfirmandenunterricht und sieht ihn oft in der Kirche oder im Gemeindehaus. Bei Festen oder größeren Veranstaltungen sind er und die beiden Pfarrer eigentlich immer da. Wenn man den Wolper so sieht und noch dazu weiß, daß er im Kirchenvorstand ist, würde mir jeder bestätigen können, daß dieses Bild zu ihm paßt. Nachts zieht er als Frau verkleidet um die Häuser und treibt sich in Swingerclubs herum. Letzten Herbst, als ich Ärger in der Firma hatte und oft nicht schlafen konnte, hatte ich mich öfter mal nachts ins Arbeitszimmer gesetzt und während einiger Denkpausen aus dem Fenster geschaut. Dabei sah ich ihn das Haus verlassen. Mit High Heels, einem Sonnenhut und einem knallroten Tüllkleid. Und das nicht nur einmal. Tagsüber sieht man ihm das Doppelleben, das er führt, nicht an.

Hätte mir das jemand nur erzählt und wäre dies nicht ausgerechnet die Schwarze Straße, hätte ich es nicht geglaubt. Es ist aber die Schwarze Straße, und ich habe es mit meinen eigenen Augen gesehen. Beides für sich genommen ist Beweis genug, daß es stimmt. Was die Sache nicht besser macht. Wenige Tage, nachdem ich Wolper bei seinem nächtlichen Ausflug gesehen habe, hat mir ein Nachbar von derselben Beobachtung erzählt.

Normale Leute, was? Ich sagen Ihnen was: Diese Nachbarschaft hat's in sich. Man sieht den Leuten ihre dunklen Seiten oft nicht an. Und ihre Bemühungen, normal und durchschnittlich zu erscheinen, macht sie erst recht verdächtig. Aber sie haben Dreck am Stecken, alle miteinander. Keiner ist normal, jeder hat schmutzige Geheimnisse, und einige von ihnen leben sie aus.

Nr. 22c ist ein Reihenhaus. Darin leben Herr und Frau Gierke. Er ist pensionierter Polizist und sie, glaube ich, Hausfrau. Ich sehe sie manchmal mit einem Einkaufskorb ins Haus gehen. Sie ist kurz angebunden. Wenn sie mich sieht und merkt, daß ich sie schon gesehen habe, nickt sie mir kurz zu und hat es dann auffällig eilig, aus meinem Blickfeld zu verschwinden. Ich glaube, ihr ist die Begegnung mit Nachbarn unangenehm. Sie und ihr Mann haben einen Vorgarten mit Jägerzaun, Geranien, zwei Gartenzwergen mit roten Zipfelmützen und einer höl-

zernen Deko-Windmühle, dem Inbegriff des schlechten Geschmacks. Außerdem haben sie einen Deutschen Schäferhund, Arthur. Der arme Teufel muß bei Wind und Wetter draußen in einem Zwinger schlafen. Ich höre ihn manchmal nachts stundenlang bellen. Ich kenne mich mit Hunden nicht aus, aber es kann mir keiner erzählen, daß er das aus reiner Freude macht. Es hört sich an wie Wehklagen, wie Protestbellen. Vermutlich friert er sich da draußen halbtot, aber den Gierke scheint das nicht zu interessieren.
Er fährt einen Passat. An fast jedem Wochenende putzt und poliert er dieses Auto und hört dabei Schlagermusik. Und jeden Freitagmittag um Punkt 12 Uhr mäht er im Garten den Rasen. Und zwar immer. Ob es nötig ist, oder nicht. Einmal habe ich mitbekommen, wie er einen anderen Bewohner der Straße angeschnauzt hat, er dürfe hier nicht grillen. Der Qualm würde in sein Haus ziehen, das könne ja nicht sein. Von anderen Nachbarn weiß ich, daß sich der Gierke früher oft über spielende Kinder aufgeregt hat. Der Krach sei ja unerträglich, und überhaupt seien Kinder heutzutage ja total unerzogen. Sie sollten gefälligst auf den Pausenhof der Schule gehen. So ganz kann er sich von seinem Beruf noch immer nicht lösen. Er ist zwar schon seit vielen Jahren pensioniert, zeigt aber gerne Falschparker und vermeintliche Raser an. Ich nenne ihn gern unseren Dorf-Sheriff, obwohl ihm dieser Titel nicht gerecht wird. Er ist ein professioneller Auftragsmörder mit ausgezeichneten Kontakten in die Unterwelt, ebenso zu früheren Kollegen. Seinen ersten Mord beging er 1981. Es ging damals um einen Bankangestellten, den er erschoß, als er die Dorffiliale einer Genossenschaftsbank ausraubte. Der Mord wurde nie aufgeklärt, das Geld aus dem Überfall steht heute in Gestalt seines Reihenhauses in unserer Straße. Offenbar hatte er schnell Gefallen an einem kriminellen Leben gefunden und sich einige Jahre später zum Profimörder

weiterentwickelt: Männer, die ihre Frauen betrügen, Alleinerben, die ein Vermögen hinterließen, Frauen, die ihren Männern für deren Affären im Weg standen, irgendwelche Leute, mit denen andere noch eine Rechnung offen hatten. Insgesamt müßten es mittlerweile knapp zwanzig sein. Kein einziger davon wurde je aufgeklärt, was natürlich kein Zufall ist. Sein weitester Auftrag führte ihn nach Venezuela. Wenn man Gierke so sieht, glaubt man, das prototypische Bild eines durchschnittsdeutschen Spießers vor sich zu haben: den kleinbürgerlichen Beamten, welcher die einfache Laufbahn nie überschritten hat, schön mit Reihenhäuschen, Schäferhund und Passat vor der Tür. Aber ich weiß, wer er wirklich ist, und ich vermute, daß er ahnt, daß ich es weiß. Nur habe ich ebenso wenige Beweise gegen ihn wie alle anderen, und so leben die Eheleute Gierke unbescholten in der 22c und gießen ihre Geranien.

Aber das war's noch lange nicht, was diese wunderschöne Straße an Abgründen zu bieten hat. Nehmen Sie die hier, dort drüben, in dem zurückgesetzten dunkelroten Backsteinhaus, in der 14. Da wohnt Frau Heinemann, eine Frau mittleren Alters, Musikerin. Sie spielt Klavier und Querflöte. Im Sommer höre ich sie fast jeden Tag üben. Sie hat die Angewohnheit, bei offenen Fenstern zu üben, so daß die gesamte Nachbarschaft ihr Geklimper hören muß, denn wirklich spielen kann sie entweder nicht, oder sie tut es absichtlich nicht. Wenn sie sich verspielt, was in der Natur des Übens liegt, dann wiederholt sie diese Passage immer und immer wieder, so daß man als unfreiwilliger Zuhörer auch ständig dieselben Stellen hört, nur mit dem Unterschied, daß der Spielfehler immer woanders vorkommt. Manchmal wünsche ich mir, mit einer Steinschleuder irgend etwas durch ihr offenes

Fenster zu schießen. Vielleicht einen Beutel mit Salzsäure, der dann platzt.

Neben ihrer Vorliebe für schräge Töne hat Frau Heinemann außerdem ein Faible für Hand- und Faustfeuerwaffen. Vormittags verschwindet sie gerne in den Wald und schießt auf Vogelfutterhäuschen und Nistkästen. Aus zwei Schützenvereinen ist sie bereits rausgeflogen. Man sagte ihr, sie sei überqualifiziert. Wolfgang, ein Nachbar von gegenüber, mit dem ich gelegentlichen Smalltalk auf der Straße halte, hat ihr Waffenarsenal schon gesehen. Sie hatte sich vor einigen Jahren an ihn rangeschmissen und wollte mit ihm eine Affäre anfangen. Dabei hatte sie ihn zu sich nach Hause eingeladen, um ihn mit ihrer Waffensammlung zu beeindrucken. Wolfgang sagte, einfache Pistolen und Kriegsgewehre seien noch das Harmloseste gewesen. Von einem anderen Nachbarn habe ich erfahren, daß die Heinemann eine verdeckte Ermittlerin ist und angeblich für irgendeinen Geheimdienst arbeitet. Ich glaube das nicht. Ich glaube, die hat schlichtweg einen Knall. Und zwar einen ganz gewaltigen. Zumindest pflege ich, einen großen Bogen um sie zu machen, wenn ich sie draußen sehe, damit sie nicht den geringsten Grund hat, sich irgendwie provoziert zu fühlen. Ich möchte ihr keine eine Angriffsfläche bieten, an der sie eines ihrer Maschinengewehre ausprobiert.

Wenn man Frau Heinemann so sieht und weiß, daß sie Klavier und Flöte spielt, würde wohl niemand ihre Ballermänner, Handgranaten, Samurai-Schwerter und ihre selbstgebastelte Kartoffelkanone vermuten, die sie im Keller bunkert. Vielleicht sollte sie sich mit Gierke zusammentun. Die beiden würden sich gut ergänzen, aber ich nehme an, daß er genauso wenig von ihrer heimlichen Leidenschaft weiß wie sie von seiner.

Es ist eine schöne Straße, in der wir hier leben. Nicht ganz unproblematisch, aber eine wunderbare Gegend. Ehrlich, Sie sollten uns besuchen kommen. Ich würde Ihnen gerne noch weitere Bewohner vorstellen.

Zum Beispiel Herrn Hiller aus Nr. 9, einem der Mehrfamilienhäuser. Herr Hiller wohnt im dritten Stock. Soweit ich weiß, war er früher mal verheiratet, aber das muß lange her sein. Er ist Journalist und arbeitet für eine lokale Zeitung als Politik-Reporter. Er hat sehr gute Kontakte in die Kommunal- und Landesebenen, er sitzt bei uns im Stadtrat und brüstet sich gerne mit früheren Erfolgen als Aufdeckungsjournalist. Bei sich selbst hätte er dabei am meisten aufzudecken, aber seine dunkle Seite bleibt besser im Verborgenen. Hiller ist Kettenraucher und ein Schweralkoholiker. Jeder hier weiß das, jeder außer ihm. Vielleicht ahnt er was, er fährt nämlich nur Fahrrad und das mehr schlecht als recht. Es ging mal das Gerücht um, daß er wegen wiederholter Trunkenheit am Steuer seinen Führerschein dauerhaft abgeben mußte und sein Auto konfisziert wurde. Hiller ist jeden Tag voll. Er braucht seine Dosis, um überhaupt arbeiten zu können. Wolfgang, der ja schon sehr viel länger hier wohnt als wir, erzählte mir von Dingen, die sich vor Jahren zugetragen haben müssen. Daß Hiller im nüchternen Zustand unausstehlich war und alle Leute angeschrien hat und erst nach zwei Flaschen Himbeergeist oder Apfelkorn einigermaßen umgänglich wurde. Das ist es aber nicht, was den netten Herrn Hiller ausmacht. So oft, wie er schon besoffen zur Arbeit ging und wieder nach Hause geschickt wurde, ist es beinahe ein Wunder, daß er überhaupt noch einen Job hat. Wahrscheinlich hat er deshalb seit vielen Jahren eine kleine Nebenbeschäftigung. In seiner Freizeit erpreßt er Kaufhäuser, Bahnhöfe und andere öffentliche Plätze, auf denen sich viele Menschen herumtreiben. Er hat damit schon ein Vermögen gemacht.

Seine letzten Coups liegen ein paar Jahre zurück. Erinnern Sie sich noch an die Flughafenerpressungen in München und Frankfurt? Als mehrmals hintereinander die Flughäfen evakuiert werden mußten, weil es Bombendrohungen gab? Dahinter steckte Hiller. Dreihunderttausend hat er damals einkassiert, aber ich nehme an, daß er die komplett in Doppelkorn und Roth-Händle umgesetzt und längst versoffen und verqualmt hat. Das Alkoholproblem sieht man ihm an, das ist unverkennbar. Aber das kleine Flughafenerpressungsproblem nicht. Wobei ich mir nicht sicher bin, ob er selbst das auch als Problem erkennt oder es für normal hält. Als Journalist taugt er nichts, aber für das Erpressen von Flughäfen hat er ein echtes Talent. Wenn also wieder einmal ein großer Flughafenbetreiber oder die Bahn oder ein Kaufhauskonzern angeblich kurz vor dem Bankrott steht und Insolvenz anmelden muß, dann wäre es eine Überlegung, ob der nette Herr Hiller mit der lustigen roten Nase und den schwarzen Zähnen seine zittrigen Finger im Spiel hat. Wie die Zähne, so die Straße. Schade, daß es sich nicht reimt. Ja, man wird ein wenig zum Zyniker, wenn man hier lebt. Was bleibt einem anderes übrig?

Ich sollte Ihnen noch von Frau von Lüstrow erzählen, einer älteren Dame mit blauem Blut, wie der Name vermuten läßt. Darauf reduziert, paßt sie eher in unsere Parallelstraße, aber mit dem, was sie auf dem Kerbholz hat, ist sie hier schon ganz richtig. Frau von Lüstrow wohnt zusammen mit ihrem Lebensgefährten in einem Altbau in Nr. 17. Sie steht in dem Ruf, eine ausgezeichnete Rechtsanwältin zu sein. Eine von der Sorte, die Sie und ich uns niemals würden leisten können. Sie wissen schon. Eine von denen, die nicht ohne auffällige Ohrringe aus dem Haus geht. Eine, die stets Blazer, schwarze Röcke und Strumpfhosen trägt. Eine typische

Businessfrau. Eine, der man ansieht, daß sie Geld hat. Ihr Problem ist nur: Sie hat keins. Im Gegenteil. Frau von Lüstrow ist bis über beide Ohren verschuldet. Vor ein paar Wochen stand mittags ein Möbelwagen vor ihrem Haus. Meine Tochter hat's mir erzählt, ich selbst war arbeiten. Sie muß es gesehen haben, als sie von der Schule kam. Möbelpacker hatten ein riesiges rotes Ledersofa und eine Schrankwand ausgeladen. Etwa seit derselben Zeit stand ein nagelneuer schwarzer 7er BMW in der Hofeinfahrt von Haus Nr. 17. Schickes Auto, sah nach was aus. Nun, es hat nicht lange gedauert, da klebte der Kuckuck über dem Türspalt, und eine Woche später war der schnittige BMW wieder verschwunden. Letzten Mittwoch kam der Möbelwagen zurück. Die Möbelpacker packten diesmal aber nicht aus, sondern ein. Es muß exakt die Couchgarnitur gewesen sein, die meine Tochter schon einmal gesehen hatte, da allerdings noch mit Folie. Es ist ein offenes Geheimnis, daß die von Lüstrow vollkommen abgebrannt ist. Jeder hier weiß das. Tagsüber in ihrer Kanzlei läßt sie die Neureiche heraushängen und gibt vor, die Top-Anwältin der oberen Zehntausend zu sein, aber die Spatzen pfeifen von den Dächern, daß sie arm ist wie eine Kirchenmaus. Die Möbelpacker, die ihr puffiges Ledersofa wieder eingeladen haben, waren nicht die einzigen, die kamen, um etwas zu holen. Ein anderer hatte vergeblich geklingelt. Sie schielte oben aus dem Dachfenster und tat so, als sei sie nicht da, aber ich habe sie gesehen. Der Mann, der unten stand, brüllte die ganze Straße zusammen. Von wegen sie werde schon sehen, was sie davon habe, sie sei asozial und eine Schmarotzerin, er werde sie anzeigen. Zum Schluß sagte er noch, einen Anwalt werde sie sich ja kaum leisten können, aber sie könne sich ja selbst verteidigen. Dann fuhr er mit Vollgas weg, und die Lüstrow stand am Fenster und zog ein Gesicht wie ein Pferd.

Es sind interessante Bekanntschaften, die man hier macht in diesem *wunderschönen* Wohngebiet. Bevor ich Sie aber in Ihre eigene Straße und Ihren eigenen kleinen Wahnsinn entlasse, möchte ich Ihnen noch drei Nachbarn vorstellen, die eine Erwähnung wert sind.

Schräg gegenüber von unserer mondänen Anwältin lebt ein älteres Ehepaar, die Beckers. Er hat früher bei der Bahn gearbeitet, sie war Sekretärin in einer Fabrik, die Stahlplatten herstellte. Ab und zu kommt ihr Sohn mit seiner Familie zu Besuch. Die beiden Alten freuen sich immer, wenn sie ihre Enkel sehen. Soweit ich das mitbekomme, gehen sie sehr liebevoll miteinander um. Herr Becker sieht ein wenig so aus wie der Märchenonkel aus der Bonbon-Werbung. Kennen Sie die noch? Die Fernsehwerbung in der der Opa im Ohrenbackensessel vor dem flackernden Kamin sitzt und seinem Enkel, vielleicht fünf oder sechs, ein Sahnebonbon in einer Goldfolie schenkt. So sieht der Becker aus. Ein netter knuffiger Opa mit weißen Haaren und leichtem Bäuchlein. Oma Becker paßt zu ihm, sie hat auch ganz weiße Haare, lacht immer und trägt ausschließlich Kittelschürzen. Sie backt oft Kuchen, kocht Marmelade und tischt jeden Sonntagmittag um 12 die Vorsuppe auf. Es sind nette alte Leute, die in ihrem Garten hinter dem Haus eine kleine Hanf-Plantage betreiben. Die Erzeugnisse daraus verkaufen sie zu recht stolzen Preisen. Das Gramm Peace kostet bei ihnen zwölf Euro, reines Gras gibt's etwas günstiger. Nach dem, was ich erfahren habe, soll beides ganz ausgezeichnet sein, was den hohen Preis rechtfertigen würde. Die Beckers beliefern nicht nur Endverbraucher; auch viele Kleindealer decken sich bei ihnen ein.

Um nicht aus der Übung zu kommen und sich von der Qualität ihrer eigens produzierten Ware zu überzeugen, testen sie ihren Stoff regelmäßig selbst. Wenn die

Schwarze Straße süßlich riecht und Oma Becker mit ebenso roten Augen und verschmitztem Dauergrinsen neben einem an der Supermarktkasse steht, dann weiß man, daß der Nachschub das Gütesiegel bekommen hat. Und wenn dann wildfremde Leute bei den Beckers klingeln, dann kommen die bestimmt nicht zur Sonntagssuppe oder zum Kaffeekränzchen. Es sei denn, Oma hat wieder ihre ganz speziellen Plätzchen gebacken.

Ein paar Häuser weiter vorne, in einem der mittelständischen Mehrfamilienhäuser, lebt eine Frau, deren Namen ich mir nicht merken kann. Irgendwas Ausländisches, ich tippe auf Türkisch. Sie sieht auch so aus. Sie ist eine alleinstehende Frau mit drei kleinen Kindern, die ausgesprochen lebhaft sind. Eines davon ist mir mit seinem Bobbycar mal direkt vors Auto gefahren und hat mich zu einer Vollbremsung gezwungen. Das hatte die Frau aber nicht weiter beeindruckt. Sie arbeitet halbtags in einem Discounter. Meine Frau hat sie schon ein paar Mal beim Einkaufen getroffen. Meine Frau sagt aber auch, sie täte immer so, als würde sie sie nicht kennen. Vielleicht fremdelt sie oder will keinen Kontakt zu anderen, was man gut verstehen kann, wenn man von ihrem heimlichen Hobby weiß. Auch sie führt ein ausgeprägtes Doppelleben.
Können Sie sich noch an die seltsame Serie von getöteten Hunden und Katzen im letzten Sommer erinnern, die nie aufgeklärt wurde? Die Story hatte es sogar bei uns in die Fernsehnachrichten geschafft. Irgend jemand hatte mit Strychnin und Kadmium annähernd fünfzig Hunde und Katzen vergiftet und etwa nochmal so viele durch präparierte Köder getötet. Das Fleisch wurde über die Hoftore geworfen oder unter Büschen versteckt. Es war zum Teil mit Gift versetzt, oder es waren Glasscherben, Klingen aus Teppichmessern oder Stücke von Stacheldraht darin. Und jetzt raten Sie mal, wer das war.

Richtig.
Weiß der Teufel, warum sie das gemacht hat und wie sie an das Gift kam. Es würde mich nicht wundern, wenn sie noch mehr davon hat und demnächst weitere Kläffer und Miezekatzen über den Jordan gehen. Wenn das Bellen von Gierkes Arthur also eines Nachts ausbleibt, dann bestimmt nicht, weil er plötzlich drinnen schlafen darf. Aber wenn man eine Vorstellung davon hat, was gewisse Leute so treiben, dann sieht man sie mit anderen Augen. Und so haben wir es hier nicht mit einer alleinerziehenden Supermarktkassiererin mit Migrationshintergrund zu tun, sondern mit einer kaltblütigen Hunde- und Katzenhasserin.

Eigentlich müßte ich mit meiner Familie fliehen. Aus dieser herrlich gruseligen Straße verschwinden, denn hier weiß man nie, wann man dran ist. Die Schwarze Straße ist ein Abbild unserer biederen Gesellschaft: Mörder, Säufer, Waffennarren, Flughafenerpresser, Transen, Pornodarsteller, Pleitegeier, Tierquäler, Drogenproduzenten. Wie ich schon sagte: Es sind Leute wie Sie und ich, die stapelweise Leichen im Keller haben, und das meine ich wörtlich. Bitte besuchen Sie uns für ein paar Tage, Sie würden sich »schwarz« ärgern, wenn Sie sich das hier entgehen lassen würden!

Wenn Sie nun nachher oder morgen rausgehen vor Ihr Haus und dabei einem Ihrer Nachbarn begegnen, sehen Sie sich ihn genau an und nehmen Sie sich in acht. Er könnte ein Doppelleben führen, schmutzige Filme drehen, Menschen oder Tiere töten oder Waffen horten. Sie wissen es nicht.

Rechnen Sie mit allem.
Auch mit mir.
Schlafen Sie gut!

Was ich suchte

Wenn es wirklich Liebe auf den ersten Blick gab, dann hatte der Junge jetzt den Beweis dafür. Wahrscheinlich raste sein Herz. Er stand wenige Schritte von ihr entfernt und ließ sie nicht aus den Augen. Ein bildhübsches Mädchen, etwa vierzehn. Sie hielt einen Jugendroman in der Hand, schielte aber immer wieder zu ihm herüber. Das Buch war also nur eine Tarnung. Sie schien zu warten, bis er etwas sagte. Es war unverkennbar, daß die Anziehung gegenseitiger Natur war und daß sie nur darauf wartete, bis er auf sie zukam. Als könne ihn nichts aus der Ruhe bringen, griff er nach einem beliebigen Buch, das vor ihm im Regal stand und tat so, als blätterte er darin. Idiot! Dabei war ihm das Zittern anzusehen. Das Mädchen ging zwei Schritte auf ihn zu. Verlegen starrte er weiter in die Seiten, als bemerke er sie gar nicht. Dann stellte sie sich neben ihn und stemmte selbstbewußt beide Hände in die Hüften. Dabei legte sie den Kopf leicht zur Seite und sah ihn herausfordernd an. »Ist das so viel interessanter als ich?«, fragte sie ihn. In ihrem Gesicht stand Provokation, ihr Lächeln war frech. Vorsichtig schaute er zu ihr auf.

»Ist es das hier?« Die Stimme zerrte mich aus der Szene zurück in meine eigene Wirklichkeit. Die Frau sah mich freundlich an und reichte mir einen dicken Bildband. Ihre Bemühungen in allen Ehren, es wäre mir lieber gewesen, sie hätte sich etwas mehr Zeit gelassen. »Danke«, erwiderte ich knapp, »ich denke schon. Das ist das, was ich suchte.« Sie nickte und verschwand wieder im Gewirr aus

Kundschaft. Mein Blick fiel zurück neben mich. Der Junge war gerade am Gehen. Ich konnte nicht erkennen, ob das Mädchen vor ihm herging. Das Buch, das er in der Hand hielt, stand wieder im Regal. Ich sah ihm noch nach, bis er nicht mehr zu sehen war. Dann nahm ich meinen Bildband, ließ ihn als Geschenk verpacken und trat hinaus in die Kälte.

»Schade«, dachte das Mädchen, klappte das Buch damit zum letzten Mal zu und legte es auf den Nachttisch. »Ich hätte gerne gewußt, wie es weitergegangen wäre. Ob sie sich kennengelernt haben. Ob sie das waren, was der jeweils andere suchte. Ein schöneres Weihnachtsgeschenk kann es kaum geben.«

Der diskrete Diener

Ich bin ein Schwarzer. War ich schon immer, von Anfang an. Das ist auch gut so, ich möchte niemals anders sein als schwarz. Vor allem will ich nicht blau sein. Aber wer will das schon? Die meisten sind blau, aber schwarz steht für Eleganz und Entschlossenheit und strahlt irgendwie einen Hauch von Exquisität aus.

Ich habe nie Urlaub, dafür viel Freizeit, die mir aber nichts nützt. Es kann jeden Moment weitergehen, und man weiß nie, wann. Oder wie lange. Oder worum es geht. Wichtig ist nur: Ich muß durchhalten, sonst war's das. Zugegeben: Früher oder später wird das ohnehin der Fall sein, aber ich möchte nicht, daß das jetzt schon passiert. Außerdem freut es mich, daß ich sein Liebling bin. Mir sagt er sowas ja nicht, aber ich weiß es. Immerhin bin ich es, dessen Dienste er immer wieder beansprucht. Ich mag das Wort »benutzen« nicht, und die Vorstellung, von ihm »benutzt« zu werden, obwohl es das eigentlich am besten trifft. Aber die anderen stehen wochen-, oft sogar monatelang unbenutzt in dem runden Sammelbehälter, ohne, daß er sie auch nur von der Seite anguckt! Es muß an mir liegen, daß er mich am liebsten hat und für mich immer wieder (schwarzes!) Nachfüllmaterial kauft anstatt mich in die Ewigkeit zu jagen, wenn mir die Puste ausgeht.

Kennengelernt hatten wir uns vor Jahren, als er noch die FAZ abonniert hatte. Damals hatten die mich als Werbegeschenk zu ihm geschickt, und offenbar habe ich ihm auf Anhieb gefallen und das alte Plastikding, das er vor mir hatte und das am Schraubgewinde schon Risse hatte, abgelöst.

Jetzt kennen wir uns seit ungefähr zehn Jahren. Man erlebt eine Menge in so langer Zeit, und ich habe viel über ihn gelernt. Ich weiß, was er einkauft, weil er mich schon für unzählige Einkaufszettel gebraucht hat. Meistens sind es banale Sachen wie Kartoffeln (die kauft er oft), Eier, Schlagsahne oder irgendwelche Zutaten für bestimmte Rezepte. Dann notiert er auf der Rückseite die Seite im Kochbuch, aus der er das Rezept hat. Wahrscheinlich kann er es sich sonst nicht merken. Dafür weiß ich, was er so treibt, weil er fast jeden Abend eine Liste der Dinge erstellt, die er am nächsten Tag arbeiten will. Es gelingt ihm nicht immer, was mich oft etwas amüsiert. Mein Job ist das ja nicht. So eine Liste sieht dann zum Beispiel so aus:

DONNERSTAG (die Wochentage schreibt er immer in Großbuchstaben und unterstreicht sie, ist wohl Teil seiner Ordnung)
- Wäsche bügeln
- SpüMa
- Hartmann anrufen/Termin
- alles ü. (ich weiß nicht, was ü. bedeutet)
- Einkaufen
- Mail Jens

Dabei geht es oft so schnell, daß seine Buchstaben nur angedeutet sind. Aus einem n oder m oder sogar mm am Wortende wird dann oft nur ein langer Strich. Überhaupt habe ich eine Weile gebraucht, mich an seine etwas eigentümliche Typographie zu gewöhnen. Das große A sieht bei ihm auf den ersten Blick aus wie ein kleines a, nur größer und daß es rechts unten in den nächsten Buchstaben übergeht. Oder sein M, das eigentlich nur eine Aneinanderreihung von drei Bögen ist, die von unten nach oben und wieder nach unten gehen. Die 1 ist bei ihm ein senkrechter Strich, und das kleine b schreibt er immer noch in der lateinischen Ausgangsschrift, wie er es wohl als Kind mal in der Schule gelernt hat, aber es paßt zu seiner restlichen Schrift.

Es kommt zwar selten vor, daß er sich verschreibt, aber manchmal schreibt er so schnell, daß er die Verbindungen zwischen den Buchstaben nicht hinbekommt oder Buchstaben ganz wegläßt. Er hält sich aber für einen Perfektionisten, und deshalb ändert und korrigiert er völlig unwichtige Notizen. Das macht er sogar dann, wenn er eigentlich alles richtig geschrieben hat, aber manche Buchstaben nicht so schön geworden sind, wie er sich das vorstellt. Beim großen B oder beim ß passiert ihm das oft. Dann schreibt er so lange drüber, bis es ihm besser gefällt oder er genervt das Wort durchstreicht und es komplett neu schreibt, der Spinner.

Einmal brauchte er mich für die Unterschrift unter einem Vertrag. Ich weiß nicht, was das für einer war, aber es muß wichtig gewesen sein. Um ein Haar hätte er ihn mit seinem alten Schulfüller unterschrieben. Aber er hat mich genommen! Es macht mich schon ein bißchen stolz, wenn ich sogar etwas Justitiables machen darf, also etwas mit einer gewissen Tragweite. Als wir zusammen hier eingezogen sind, hat er mich auch für den Mietvertrag gebraucht. Na ja, und ohne den wäre ich jetzt nicht hier. Also muß ich irgendwas richtig gemacht haben.

Vor längerer Zeit, es ist bestimmt schon ein Jahr her, da ging's ihm wohl um etwas Persönliches. Er hatte einen Brief an eine Frau geschrieben. Das heißt, er hat mich zum Vorschreiben gebraucht. Es gab jede Menge Änderungen, lange Linien über dem, was ich mühsam zu Papier gebracht hatte, wieder lauter unleserliches Gekritzel, aber irgendwann war er wohl zufrieden und hat es abgeschrieben. Dafür durfte zwar dann der Füller ran, aber ohne mich hätte es der Füller schwer gehabt. Natürlich wäre es jetzt interessant oder lustig, von diesem Brief zu erzählen und zu verraten, was er da geschrieben hat, aber so etwas tut ein Gentleman nicht, schon gar nicht als schwarzer. Ich verstehe mich in gewisser Weise als sein Arzt oder sein Therapeut. Ich sehe mich zur Verschwiegenheit verpflichtet und respektiere seine Privatsphäre. Nur so viel: Die beiden haben sich getroffen. Was weiter passiert ist, weiß ich nicht, es gab danach keinen Brief mehr. Jedenfalls keinen, für den er mich gebraucht hätte.

Ja, ich weiß viel über ihn. Ich kenne die Innentaschen seiner Jacken, ich kenne seinen Schreibtisch und erkenne seine Finger am Geruch. Jede Hand riecht anders. Seine rechte ist glücklicherweise sehr sauber. Er hat auch keine abgekauten Fingernägel, und er nimmt mich zum Glück nie in den Mund. Andere Leute machen sowas. Die würden mir am Hintern herumkauen und –sabbern, aber er macht das nicht. Manchmal tippt er mich an seine Lippe, aber eigentlich nur, wenn er sehr intensiv über etwas nachdenkt. Was ich auch an ihm schätze: Er gibt mich nicht aus der Hand. Ich gehöre in seine, und es macht mich stolz, daß ich es bin. Anderen meiner Sorte geht es oft so, daß sie häufig unfreiwillig ihr Zuhause wechseln. Ein paar Tage hier, ein paar Tage dort, dann fristet man sein Dasein in einer vollgemüllten Schublade, und wenn eine neue Füllung her müßte, ist das Vielen zu aufwendig, und die Endstation ist der Mülleimer. Man kann sich nun mal nicht aussuchen, bei wem man landet. Mit ihm hat es mich aber gut getroffen. Ich glaube, solange ich bei ihm bin, werde ich nie »stiften gehen«. Super Gag, was? Habe ich von ihm.

Kaffeenachmittag

Lore kam pünktlich wie immer. Nichts anderes war Elisabeth von ihr gewöhnt. Nachdem Lores Mann Heinrich gestorben war, fühlte sich Lore frei und nahm eine Halbtagsstelle in dem an, was man früher mal »Bundespost« nannte. Zuverlässigkeit und Akribie gehörten hier zum guten Ton, und den beherrschte Lore wie kaum eine andre. Von Heinrich konnte man das nicht behaupten, aber das war lange her. Verheiratet waren Lore und er fast vierzig Jahre. Ein paar davon waren schön.

Elisabeth begrüßte ihre alte Freundin und Nachbarin und fiel ihr um den Hals. »Komm rein«, sagte sie und hielt die Tür zu ihrer Wohneinheit auf. Man hatte hier seine Ruhe, konnte aber, wenn sie erforderlich werden sollten, ebenso die Vorzüge einer Betreuung in Anspruch nehmen.
»Ich habe eine Mokka-Biskuit-Rolle gebacken«, sagte Elisabeth stolz und grinste bis über beide Ohren, deren Läppchen zu große Perlenohrringe zierten, wobei von wirklicher Zier keine Rede sein konnte. Lore merkte das nicht. Ihre waren auch nicht schöner.
Lore staunte über den leckeren Kuchen und den altmodisch gedeckten Kaffeetisch auf Elisabeths Balkon. Abgesehen von ihren Ohrringen waren Elisabeth guter Stil und Geschmack ausgesprochen wichtig. Sie hatte das Rosenthal aufgedeckt, die Stoffservietten danebengelegt und einen kleinen Blumenstrauß in die Tischmitte gestellt. Den Kaffee servierte sie in der passenden Kanne, zu der es selbst nach all den Jahren noch den originalen Deckel

gab. Bekanntlich ist der ja das Erste, was kaputtgeht. Elisabeth schenkte Lore und sich ein und legte beiden ein Stück der Biskuit-Rolle auf die Teller.
Lore genoß diese Nachmittage. Wenn, wie jetzt, die Frühlingssonne langsam um die Hausecke bog und die Amseln ihre Lieder pfiffen, kam es ihr vor wie damals, Anfang der Dreißiger, als sie ein kleines Mädchen war und sonntags eine weiße Schleife im Haar tragen durfte.

Und doch wurde Lore das seltsame Gefühl nicht los, daß Elisabeth etwas loswerden wollte. Sie kannte ihre Freundin, seit die ersten Bomben einschlugen, und es gab nichts, was sie ihr hätte vormachen können.
Elisabeth kaute in Ruhe zu Ende und legte dabei die Kuchengabel behutsam auf die Stoffserviette. Dann zog sie die Augenbrauen hoch, lehnte sich zurück und sagte: »Du mußt mir aber versprechen, nicht sauer zu sein. Zumindest nicht auf mich.«
Lore runzelte ratlos die Stirn. Sie überlegte für einen Moment, was Elisabeth hätte meinen können, hatte aber keine Idee. »Gut«, sagte sie, »versprochen«.
Elisabeth grinste wieder und begann: »Ich hatte jahrelang ein Verhältnis mit deinem Heinrich.«
Lore durchfuhr es kalt. Sie sah Elisabeth wie versteinert an. Das war ihr neu. Noch ehe sie etwas sagen konnte, fuhr Elisabeth fort: »Meine Loyalität dir gegenüber hat daran nie Schaden genommen«, sagte sie und machte eine abwinkende Handbewegung. »Es ging hauptsächlich von ihm aus. Er hat mich erpreßt. Er hat immer gesagt, wenn ich was verrate, würde er überall herumerzählen, ich hätte mich an einen verheirateten Mann geschmissen.«
Lores Gesicht verlor an Farbe, noch mehr als ohnehin schon. Daß es Elisabeth mit der Moral nicht so genau nahm, hatte sie stets als bewundernswerte Charaktereigenschaft betrachtet. Selbst bemühte sie sich auch im hohen Alter noch um Aufrichtigkeit und Höflichkeit;

Tugenden, die sie für untergegangen hielt. Elisabeths Unbeschwertheit, diesen Betrug nun so kaltblütig zuzugeben und nicht die Spur eines schlechten Gewissens zu haben, erschütterte sie. Reglos ließ Lore die Kuchengabel fallen und drehte den Kopf zur Seite.
»Lore?«, fragte Elisabeth kleinlaut. »Ist alles in Ordnung?«
Schweigen.
»Hach, vielleicht hätte ich besser geschwiegen«, sagte Elisabeth gleichgültig, griff nach ihrer Kaffeetasse und führte sie leicht zitternd an ihre Lippen, ehe sie geräuschvoll schlürfte und die Tasse wieder abstellte. »Aber weißt du, die Sache nagt jetzt schon so viele Jahre an mir. Ich hatte einfach das Bedürfnis nach Erleichterung.«

Als Lore die Sprache zurückerlangte, drehte sie sich wieder zu Elisabeth. Anstatt ihr aber mit der Kuchengabel auf der Stelle beide Augen auszustechen, ihr den Kaffee ins Gesicht zu schütten, den Tisch umzuwerfen oder in einen hysterischen Schreianfall zu verfallen, sagte sie völlig tonlos: »Weißt du, was das bedeutet?«
Elisabeth runzelte die Stirn. Hätte Lore nicht sowieso gewußt, daß Elisabeth von der Hundert nicht mehr weit weg war, hätte sie es in diesem Moment geahnt. »Ich verstehe die Frage nicht« sagte Elisabeth. »Ich bin davon ausgegangen, daß klar ist, was das bedeutet. Nämlich daß dich dein Mann mit mir betrogen hat. Ich war die Affäre deines Mannes.«
»Das bedeutet, daß ich jahrzehntelang von einem Fremdgänger geschlagen wurde. Es gab gar keine Überstunden. Keine Nachtschichten. Keine Betriebsausflüge.«

Elisabeth kicherte leise vor sich hin. »Ich gebe zu, das war nicht sehr nett von mir. Aber jetzt, wo ich dir reinen Wein einschenke, bin ich doch ehrlicher, als Heinrich es je gewesen war. Ich hätte ebenso gut weiterhin schweigen

können. Aber ich wollte, daß dir endlich klar wird, was Heinrich für ein Schwein war.«
Lore starrte immer noch wie eine Statue. Sie konnte nicht fassen, was ihr über Jahre hinweg angetan wurde und was Elisabeth ihr nun mit einer solchen Unverfrorenheit zugestand.

Elisabeth beugte sich vor und lächelte Lore an. »Lore?«, fragte sie. »Lore?«
Lore sah Elisabeth ins Gesicht, brachte aber keinen Ton heraus.
»Es war nur ein Scherz!«, sagte Elisabeth dann und lachte. »Es war doch nur ein Scherz«, wiederholte sie.
Lore verstand die Welt nicht mehr. »Wie?«, fragte Lore, »du hattest gar nichts mit Heinrich?«
»Das schon«, antwortete Elisabeth selbstgerecht. »Aber ich hab' nicht gebacken. Der Kuchen ist nur gekauft«, lachte sie und nahm noch einen Happen.

Ihre Höllen

1

Es sah genau so aus wie am Morgen, als er die Wohnung verließ. Es roch auch so: muffig, etwas säuerlich und ungelüftet. Im Flur stapelten sich fettbeschmierte Pizzakartons und mit Müll vollgestopfte Plastiktüten. Durch die Fasern der zugezogenen Gardinen drückte sich das Sonnenlicht, das einen leichten Schimmer hereinwarf. Die einzige wirkliche Lichtquelle war der eingeschaltete Fernseher weiter hinten, in dem das übliche mittägliche Trash-Programm lief. Die übelriechende ungepflegte Gestalt war inzwischen halbwach, moderte aber immer noch auf dem verfleckten Sofa. Vor, neben und auf ihr türmten sich die Flaschen, dazwischen lagen Zigarettenkippen und allerlei Dreck.

»Junge!«, rief die Gestalt, drehte sich aber nicht zu ihm um. »Warst du in der Schule?«
Björn versuchte, keinen Krach zu machen und ungesehen ins Kinderzimmer zu verschwinden. Christian würde schon da sein. »Ja, Papa«, antwortete er eingeschüchtert.
»Sei nicht so laut, deine Mutter schläft!«, brüllte es bedrohlich aus dem, was einmal ihr Wohnzimmer war.

Seit ein paar Monaten hatte sie einen Job in einer Gebäudereinigungsfirma und fing erst nach Mitternacht an zu arbeiten. Sie bemühte sich sehr, die Stelle zu behalten. So lang wie diese hatte sie noch nie eine. Niemand hat gerne Kellnerinnen oder Kassiererinnen, die jeden Tag neue

Veilchen mit zur Arbeit bringen. Und weil nachts bekanntlich alle Katzen grau sind, man fürs Putzen noch nichtmal einen Hauptschulabschluß brauchte und sich in dem Laden ohnehin niemand für den anderen interessierte, war es der ideale Job für sie.

Natürlich träumte auch sie, wie alle jungen Frauen, mal davon, Schauspielerin oder Sängerin zu werden. Statt auf großen Bühnen zeigte sie ihr Talent in verrauchten Spelunken, in denen die Halbwelt mit gierigen Blicken an den Tresen stand, und das nicht etwa, weil das Essen dort so köstlich war. Nein, weiter als in zwielichtige Viertel hatte sie es nie geschafft. In Bars, die Namen trugen wie »Zum Schlitz«, »Mon Cheri« oder »Verkehrszentrale«. Für sie waren die damals ein Anfang, ein Sprungbrett. Aber der Sprung in den richtigen Erfolg blieb aus, denn dafür hätte sie wirklich gut sein müssen, und das war sie nicht. Es waren die Betrunkenen und die Freier, die ihrem Gesang zuhörten und die ihr Scheine in die Stiefel und in den Ausschnitt steckten. Einer von ihnen nahm sich mehr als ihm zustand, und die Jungs heißen heute Björn und Christian. Er selbst lag nun nebenan im Wohnzimmer, und sie hoffte, daß er dort auch bleiben und ihren Jungen in Ruhe lassen würde. Sie wollte sich den Job durch ihn nicht kaputtmachen lassen. Immerhin hatte sie einen, was für ihn nicht galt. Und doch kam es ihr immer wieder so vor, als müsse sie sich dafür entschuldigen. Nur, weil er es nicht ertragen konnte, sich eingestehen zu müssen, daß sie es zu mehr gebracht hatte als er, mehr Geld verdiente. Und überhaupt etwas verdiente.
Er sah das völlig anders. Er konnte und wollte sich das Zepter des Hausherrn nicht aus der Hand nehmen lassen, schon gar nicht von einem Weibsbild. Ohne ihn war sie nichts! Sie war seine Frau! Sie hatte zu tun, was er sagte, und diese verfluchten Bengels ebenfalls. Fraßen nur und

schafften nichts. Der Schlimmere von beiden war Björn. Ein ungezogener Rotzlöffel, faul in der Schule und machte seinen Eltern nichts als Kummer. Da war es nur konsequent, ihn von Zeit zu Zeit mit einer gehörigen Tracht Prügel wieder auf den rechten Weg zu bringen. Und weil seine nichtsnutzige Mutter das nicht fertigbrachte, erledigte er es, und zwar besonders gründlich.

Doch jetzt ging es erst einmal darum, ihn in die Küche zu schicken, um ihm Bier zu holen.
Das hatte er sich verdient.

2

Auf dem Küchentisch lagen ein Fünfhundert-Euro-Schein und ein Zettel:

Servus Spatzl,

ich bin bis Ende der Woche in Graz. Das Geschäft, wir hatten darüber gesprochen. Du fliegst am Samstag zusammen mit Doris nach Hamburg. Ich komme nach, so schnell ich kann. Bitte tu, was Doris Dir sagt. Ich habe alles mit ihr besprochen und möchte, daß ihr euch vertragt. Denk an Dein Training und halt bitte Deinen Diätplan ein. Ich bring Dir auch was mit. Hier schonmal eine Kleinigkeit. Kauf dir was Schönes! Wir sehen uns an der Ostsee.

Busserl

Papa

»Diese Blunzn!«, schimpfte Henriette. Sie ignorierte den Geldschein, zerknüllte den Zettel und warf ihn in den

Müll. Es reichte schon, daß sie sich von dieser Angeberin herumkommandieren lassen mußte. Das tat die ja auch mit Hochgenuß und ließ keine Gelegenheit aus, es ihr unter die Nase zu reiben. Henriettes Bemühungen, sich dagegen zur Wehr zu setzen, waren alle vergebens. Daß sie jetzt sogar den schriftlichen Beweis dafür hatte, auf welcher Seite ihr Vater stand, das war nur schwer zu ertragen. Ausgerechnet von ihm hatte sie sich etwas mehr Unterstützung erhofft. Immerhin war er ihr Vater, und als solcher sollte er sie doch verteidigen. Aber ihm waren ja nur der Sport und die Diät wichtig, weil er sich für seine Tochter schämte. Dazu ließ er sich von dieser aufgetakelten Kuh um den Finger wickeln und plapperte alles nach, was die sich an Gemeinheiten einfallen ließ. Die Idee mit dem Diätplan kam hundertprozentig von Doris. Und der war es natürlich ein wahres Vergnügen, die Kontrolle darüber zu übernehmen. Die Vorstellung, mit ihr zusammen in den Urlaub fliegen und dort auf Papa warten zu müssen, war für Henriette ein Graus. Aber nach ihr fragte ja keiner. Das tat nie jemand.

Wütend polterte Henriette über die Treppe in die zweite Etage, warf die Tür hinter sich zu und sperrte ab. Klar, daß das nicht unbemerkt bleiben und Doris aus ihrem Schminkzimmer hervorlocken würde. Die folgte Henriette und klopfte an ihrer Zimmertür. »Retti? Machst mal die Tür auf?«, fragte sie scheinheilig.
»Loß mich in Ruh'!«, schmetterte Henriette der Tür entgegen. Sie haßte es, wenn Doris sie Retti rief. Doris wußte das, denn Henriette hatte sie oft gebeten, das zu lassen, aber Doris tat es absichtlich, um Henriette damit zu ärgern. Was ihr auch gelang. »Du bist net mei Mutter! Du hast mir goa nichts zu sogen!«
Doris erwiderte mit hochnäsigem Unterton: »Owa ich leb' hier auch, zusammen mit deinem Voater. Und deshalb habe ich dir sehr wohl was zu sagen. Pack' jetzt

bitt'schön das Tascherl, in einer halben Stunde fängt dein Workout an. Und überleg' dir schonmal, was'd mit ans Meer nehmen mogst.«
Henriette lag reglos auf ihrem Bett. Am liebsten würde sie hierbleiben und die ganzen Ferien allein zu Hause verbringen. Auf Papa und Doris konnte sie ebensogut verzichten wie auf ihre depperte Schulklasse.

3

Mit diesem Zeugnis würde er besser nicht nach Hause kommen. Seine Lehrer wußten es. Alle wußten es, aber sie hielten sich heraus. Familienangelegenheiten, die gehen eben niemanden etwas an. Eigentlich hätten sie sich mit seinen Eltern unterhalten müssen, aber um die machte jeder einen großen Bogen.

Björn war völlig klar, was ihm bluhte, aber was blieb ihm übrig? Sebastians Rat, einfach die Unterschrift zu fälschen, war absurd. Wenn sich sein Vater auch sonst für nichts anderes als für seine Korn- und Bierflaschen und für das Fernsehprogramm interessierte, so war auch ihm nicht neu, daß es am letzten Tag des Schuljahres Zeugnisse gab.

Es war ein miserables Zeugnis. Doch von jemandem, dem es so ging wie Björn, konnte man keine Meisterleistungen erwarten. Eigentlich konnte man von ihm gar nichts mehr erwarten. Obwohl er kein wirkliches Kind mehr war, hatte er seinem Vater nichts entgegenzusetzen. Das wollte er auch gar nicht erst versuchen. Überhaupt war es besser, möglichst keinen Widerstand zu leisten, denn das brachte ihn in weitere Schwierigkeiten.
Am schlimmsten aber war die Angst. Wenn es überraschend Prügel gab, war das nur für den Moment

schlimm. Aber wenn er vorher schon wußte, daß es Dresche geben würde, wenn er wußte, daß er ihn wieder durch die ganze Wohnung treten und schlagen würde, wenn er wußte, daß er ihn wieder beschimpfen und dem Stock vertrimmen würde, bis er heulend, zitternd und rotzend in der Zimmerecke kauern würde, dann trieb ihn das schon Stunden vorher beinahe in den Wahnsinn. Und so ein Tag war heute.

Seine Hand zitterte, als er die Tür in die schummerige Wohnung öffnete. Im Flur wartete der Alte schon. Björn roch den Alkohol, er bekam Kopfschmerzen davon.

»Zeig her!«, war das einzige, was sein Vater herausbrachte. Seine Augen funkelten gefährlich. Björn leistete keinen Widerstand. Kalter Schweiß drückte sich auf seine Stirn. Er setzte den Rucksack ab, öffnete ihn und reichte seinem Vater das Zeugnis. Der verzog das Gesicht zu einer häßlichen Fratze und hantierte mit einer Hand an der Gürtelschnalle, bis er ihn ganz herauszog und ihn sich einmal um die Hand wickelte.
Björns Knie wurden weich. In ihm zog sich alles zusammen, er kannte diese Situation nur allzu gut, doch da knallte es schon das erste Mal. Björn stürzte, und sein Vater drosch weiter auf ihn ein. Wieder und wieder fetzte der Gürtel auf den Jungen nieder. Björn wimmerte und weinte – nutzlos.
»Du verdammter Bengel!« Es knallte erneut.
Björn schrie.
»Ich werd' dir schon zeigen, wo es langgeht!«, brüllte der Alte und fetzte den Gürtel auf seinen Sohn.
»Daß« – Zack!
»du« – Zaaccck!
»dich« – Zzzaaacckkk!
»nicht« – ZzzaaaacccckkK!
»schämst!« – ZzzzzaaaccccckkkkKK!

Björns Stimme war zu einem hellen Kreischen geworden. »Papaaaa!«
Die Schläge und Björns Schreie drangen bis ins Schlafzimmer. Seine Mutter lag längst wach, drückte sich das Kopfkissen auf die Ohren und hoffte, daß es bald vorbei sein würde. Aber es dauerte. Dieses Mal länger als sonst. Im Flur schlug und schimpfte der Vater weiter auf den Jungen ein. Dreißig Mal? Fünfzig Mal? Hundert Mal? Es verlagerte sich ins Wohnzimmer, wo es so lange weiterging, bis irgendwann nur noch der Fernseher zu hören war.
Björns Mutter wagte nicht, das Schlafzimmer zu verlassen. Sie weinte still.

4

Der Ball hätte sie fast im Gesicht getroffen. In letzter Sekunde konnte sie den Kopf noch zur Seite ziehen. Der Ball knallte gegen die Rückwand und blieb auf Henriettes Schulter liegen. »Hey! Geh, spinnst?«, rief sie empört in die Richtung, aus der der Ball kam.
Björn kam auf sie zu, hielt aber respektvollen Abstand vor der Fremden. Der Strandkorb war beinahe ausgefüllt. »Was schaust a so? Da, nimm deinen Ball und schleich di!« Damit warf sie den Ball nach Björn. Er fing ihn auf und warf Henriette im Gehen einen argwöhnischen Blick und ein gemurmeltes »Blöde Kuh!« zu. Dann ging er ein paar Schritte den Strand herunter.
Henriette beugte sich vor und beobachtete den Jungen, der etwa in ihrem Alter zu sein schien. Trotz des schönen Wetters hatte er lange Kleidung an, die nicht recht an diesen Strand passen wollte. Überhaupt war auch sonst niemand in Sicht, zu dem er zu gehören schien.

Nach ein paar Minuten rief sie: »Hey du! Komm mal!« Lieber diese Gesellschaft als gar keine.
Björn kam etwas zögerlich, stellte sich dann aber mit dem Ball unter dem Arm und fragendem Gesichtsausdruck vor das Mädchen. »Was?«, fragte er.
Henriette musterte ihn von oben bis unten und wurde das Gefühl nicht los, daß die Begegnung keine gewöhnliche war. Irgendetwas an diesem Jungen war anders als an anderen. Nur hatte sie noch nicht herausgefunden, was. Etwas hochnäsig sah sie ihn an, als sei er ein Gegenstand, den sie vielleicht kaufen wollte. Er war auffallend schlank, fast dünn und hatte haselnußfarbene glatte Haare, die vom Wind etwas durcheinander waren. »Was mochst hier so allein?«, fragte Henriette.
Björn sah sich um, als wolle er sichergehen, unbeobachtet zu sein. »Bin öfter hier«, antwortete er knapp. »Heimlich.« Sie spürte es deutlich. Da war etwas, das man nicht aussprechen mußte. Es war da. Sie wußte es, und sie fühlte, daß es bei ihm auch war. Sie sah es in seinen Augen. Obwohl Henriette den Jungen noch nie gesehen hatte, kam es ihr für einen Moment vor, als kenne sie ihn seit Jahren, als wüßte sie alles über ihn und er über sie. Als bräuchte sie nicht viele Worte zu verlieren, um ihm zu beschreiben, wie es ihr ging. Umgekehrt war sie sich sicher, zu verstehen, was er mit »heimlich« meinte. Sie nickte aber in seine Richtung. »Was hast da für Fleckerl?«
Björn strich sich mit der Hand durchs Gesicht und zupfte an seinem T-Shirt herum. »Hab' mich gestoßen«, antwortete er.
Henriette hatte verstanden, womit und woran er sich »gestoßen« hatte.
»Und du?«, legte Björn nach, als wolle er schnell von sich ablenken. Das Thema schien ihm unangenehm zu sein.
Henriette drehte den Kopf zur Seite und sah aufs Meer. Auch für sie gab es Themen, auf die sie hätte verzichten

können. »Bin hier im Urlaub mit meinem Voater und meiner Stiefmutter. Eigentlich nur, weil der Besitzer von dem Hotel ein Kunde meines Voaters ist.« Dann drehte sie sich wieder in Richtung des Jungen und ergänzte: »Mir haben's nämlich net nötig, ausgerechnet an die fade Ostsee zu fahren. Wenn's nach mir gegangen wäre, dann wären mir jetzt in der Karibik.« Sie gab sich Mühe, gewisse sichtbare Defizite durch aufgesetzte Überlegenheit zu überspielen.

»Wie heißt du?«, fragte Björn.

Sie schaute ihn hochnäsig an. »Henriette«, gab sie dann als Antwort. Sie mochte ihren Namen und seinen noblen Klang. Sie fand, daß er etwas Besonderes ausstrahlte und von ausgewählter Schönheit war. Von einer Schönheit, bei der dieser Junge nicht würde mithalten können.

»Ich heiß Björn«, sagte er, ging ein paar Schritte auf sie zu und setzte sich im Schneidersitz vor den Strandkorb.

»Björn«, wiederholte Henriette. »Klingt wie a Wikinger. Wie a starker Mann mit am langen Bart. Paßt irgendwie ans Meer.« Sie lächelte.

Er auch.

Sie fand ihn süß. »Bist du von hier?«, fragte sie.

Björn nickte. »Und du? Du sprichst irgendwie so komisch.«

Henriette blickte auf ihn herab wie eine Prinzessin auf ihren Sklaven. Gleichzeitig war ihr klar, daß sie hier der Gast war und nicht gerade wie eine Prinzessin aussah. »Aus Velden«, antwortete sie. Sie fing Björns nichtssagenden Blick ab und ergänzte ungefragt: »A Kaff in Kärnten. Zwischen Villach und Klagenfurt«, was wie eine Entschuldigung klang.

»Wie alt bist du?«, fragte Björn nach einem Moment. Henriette sagte erst nichts, und Björn legte nach: »Ich bin vierzehn.«

»Ich auch.«

»Wann geboren?«

Henriette gluckste. »Willst wissen, ob du älter bist, wos? Du Wikinger.«
Björn nickte und grinste dabei.
»10. April«, antwortete Henriette und war sich sicher, daß dieser Punkt an sie gehen würde.
Björns Grinsen wuchs. »2. Februar.«
Henriette rümpfte die Nase. Sie fühlte sich ein wenig provoziert, hatte ihrem Wikinger aber nichts entgegenzusetzen. Außer dem, was sie hatte.
Björn sagte nichts. Mit großen Augen und angedeutetem Lächeln betrachtete er Henriettes blonde Locken. Es war lange her, seit ein Junge ihr allein durch seinen Blick Sympathie signalisierte. Henriette verunsicherte das. Es wäre ihr lieber gewesen, er hätte sie nicht so angestarrt oder denselben geringschätzigen Blick aufgelegt wie alle anderen und sie spüren lassen, daß ihre Figur und der Bikini nicht gerade anziehend wirkten. »Schau halt net a so«, meckerte sie schließlich. »Ich woaß sölbst, daß ich kaan Supermodel bin!«
»Hab' doch gar nichts gesagt«, konterte Björn.
»Aber gedocht host!« Henriette schaute Björn vorwurfsvoll an und ergänzte dann: »Was moanst, wie oft ich dös schon gehört hob? ›Fette Henriette muß mol auf Toilette‹, ›Retti-Fetti‹ und so. Ich kenn' die Sprüch all!« Dabei machte sie eine abwinkende Handbewegung und schaute wieder aufs Meer.

5

Björn blieb eine ganze Weile vor Henriettes Strandkorb sitzen. Figur hin oder her: Sie faszinierte ihn. Wenn er ihr Wikinger war, dann wünschte er sich sie als seine Wikingerin. Das seltsame Gefühl von Vertrauen machte sich in ihm breit, ein Gefühl, das er schon lange nicht

mehr hatte und das Angst, Ohnmacht und Traurigkeit verdrängte. Es war nicht nötig, zu erzählen, woran er sich immer wieder stieß. Wie sein Vater schon vor Jahren dem Suff verfallen war und ihn, seinen Bruder und seine Mutter regelmäßig verprügelte. Trotzdem vertraute er es ihr an. Sie hörte ihm geduldig zu.
Sie erzählte von ihrer Familie. Von dem frühen Krebstod ihrer Mutter und ihrem stinkreichen Vater, der jetzt mit der depperten Doris zusammen war. Von ihrer kärntnerischen Heimat, dem versnobbten Wörthersee und den Bergen, die im Winter monatelang unter grauem Schnee und Nebel verschwanden und einen depressiv machten konnten. Von ihrer Sehnsucht nach dem Meer, das Björn dagegen überhaupt nichts bedeutete.

Nach einer Pause legte Björn seinen Kopf zur Seite und lächelte Henriette an. Es kam ihm vor, als würde er sie schon ewig kennen. Irgend etwas faszinierte ihn an ihr. Zu seiner Freude erwiderte das Mädchen seinen Blick. Aussehen, Herkunft und soziale Schicht spielten keine Rolle. Es war das erste Mal seit langem, daß sich Björn von jemandem verstanden und ernstgenommen fühlte. Er vertraute ihr und war sich absolut sicher, daß sie ihn nie zu etwas zwingen würde, das er nicht wollte. Niemals würde sie ihn verspotten, ihn benutzen oder ihm wehtun. Im Gegenteil: Er fühlte sich zu ihr hingezogen. In diesem Augenblick spürte er, daß sie etwas miteinander verband. Etwas, das sie nicht benennen konnten, von dem sie aber beide wußten, daß es da war und das stärker war als alle Äußerlichkeiten zusammen.

»Hab' ich's mir doch gedacht!« Die rauhe Stimme eines erwachsenen Mannes durchdrang die Aura. Noch bevor sich Björn in ihre Richtung umdrehen konnte, knallte es. Sofort breitete sich ein brennender Schmerz in seiner Wange aus, und Björn kippte zur Seite. Henriette stieß einen kurzen Schrei aus und zog reflexartig die Beine an. Doch da hatte der Kerl Björn schon an den Schläfen gepackt und zog ihn durch den Sand hinter sich her. »Den ganzen Nachmittag suchen wir dich! Wenn wir zu Hause sind, kannst du was erleben!«, brüllte das Ungeheuer.

Henriette brauchte einen Moment, um zu verstehen, was hier gerade passierte. Sie sprang aus dem Strandkorb, lief zu ihnen und versuchte, die dicke Hand von der Schläfe des Jungen zu lösen. »Naa, bitt'schön, lassen's ihn gehen!«, rief sie beinahe schon hysterisch, aber ihr war klar, daß sie gegen diesen Riesen und seine Fahne keine Chance haben würde. »Halt' dich da raus, du fette Dern!«, brüllte er ihr entgegen und schubste sie in den Sand. Henriette taumelte rückwärts und fiel um. Niemand sonst am Strand schien von diesem Vorfall Notiz zu nehmen. Sie raffte sich auf und versuchte, noch ein Stück hinter ihnen herzurennen, gab aber nach wenigen Schritten auf, als ihr klarwurde, daß sie sie nicht würde einholen können. Ihre Augen brannten.
Verzweifelt und hilflos sah sie Björn, der hinter seinem torkelnden Vater herstolperte, beide Hände schützend an der Schläfe, wimmernd und weinend. Ein Gefühl von unendlicher Wut und Zorn machte sich in ihr breit. Sie konnte nicht anders, als hier allein zurück zu bleiben. Sie rief ihm nach: »Björn! Ich woart hier auf dich!«

6

Henriette sah den beiden nach, bis sie zwischen den Strandkörben verschwanden. Sie war den Zornestränen nahe und ärgerte sich über sich selbst, weil sie nichts getan hatte und auch nichts tun konnte. Die Ungerechtigkeit war für sie nur schwer zu ertragen. Sie durfte nicht zulassen, was gerade passiert war und konnte es doch nicht verhindern. Dabei ging es ihr nicht nur um das, was Björn angetan wurde, sondern auch um sich selbst: Gerade erst hatte sie jemanden kennengelernt, zu dem sie Vertrauen fassen konnte und empfand Anerkennung und Wertschätzung, und da wurde dieses angenehme Gefühl von außen zerstört, und alles war wieder genauso übel wie vorher.

Henriette hatte diesen Gedanken noch nicht zu Ende gedacht, da drückte sich Doris zu ihr durch die Menge und baute sich breitbeinig vor ihr auf. Sie stemmte die Hände in die Hüften und kam sofort der Aufgabe nach, zu der sie sich offenbar selbst berufen hatte. »Sag einmal, was wor denn des? Wer wor des?«
Henriette verteidigte sich auf ihre Art: »Des geht dich goar nichts an!«
Doris stieg die Empörung ins Gesicht. »Jetzt auch noch frech werden! Geh, ich will nicht, daß du mit solchen Leuten sprichst. Des sog ich ois deinem Voater!«
»Na, dann sog's ihm halt! Was geht's di denn an?«, rief Henriette und gab sich keine Mühe mehr, die Contenance zu wahren. Doris und sie konnten sich noch nie leiden, da kam es auf diesen Streit nicht an.
Doris giftete gleich weiter: »Loß die gehen, des san Piefkes, arrogante! Und ich will nicht, daß du mit Piefkes zu tun hast, hast's des kapiert?« Doris mochte keine Piefkes.
Für Henriette war damit der Punkt für eine klare Ansage gekommen, und sie wurde laut: »Wo ist denn das Problem? Was spielt's dann für a Roll? Ihr wolltet's doch nach Däätschland! Weil der Papa diesen depperten Hotel-Affen kennt. Oiso, jetzt san mer in Däätschland, jetzt kennt's mir auch net verbieten, mit Däätschen zu

sprechen. Ihr könnt's mir net vorschreiben, mit wem ich mich unterhalt'!«

Der Streit hatte inzwischen die Aufmerksamkeit der anderen Leute am Strand auf sich gezogen. Henriette war nicht zu übersehen und auch nicht mehr zu überhören. Sie bemühte sich keineswegs um Zurückhaltung, im Gegenteil. Sie wollte, daß jeder mitbekam, wie Doris ausrastete. Sie wollte sie vorführen und sie demütigen und mußte dafür noch nicht einmal etwas tun, denn Doris blamierte sich selbst am allerbesten. Henriette nutzte ihre Überlegenheit aus. »Und mit wem ich wos sprech', des loß ich mir von dir schon fei dreimal net verbieten!«, und legte nach, so daß es jeder hören konnte: »Und deine däätschen-feindlichen Sprüch', die konnst dahoam in Velden lossen!«
Die Leute guckten.
Kochend vor Wut riß Henriette ihr Handtuch und die Flasche mit der Sonnenmilch aus dem Strandkorb.

Doris wurde rot vor Scham. Sie schnappte nach Luft und drehte sich verlegen um sich selbst. Alle Augen waren auf sie gerichtet; sie stand im Mittelpunkt des ganzen Strandabschnitts. Henriette triumphierte. Doris war es nur so lange angenehm, die Aufmerksamkeit anderer Leute auf sich zu haben, wie sie sich mit goldenen Colliers und dem Geld von Henriettes Vater brüsten konnte. Doch der war weit und breit nicht in Sicht, und von seinen schicken Autos und Häusern sah man nun auch nichts. Dafür eine schwergewichtige resolute Teenagerin, die kein Blatt vor den Mund nahm und Doris vorführte und sie bis auf die Knochen blamiert stehenließ.

7

Henriette hielt ihr Versprechen. Jeden Tag stahl sie sich an den Strand und wartete an der Stelle, an der sie und Björn sich kennengelernt hatten. Es dauerte, bis Björn sich zu ihr traute, kam dann aber jeden Tag. Sie zogen sich an eine unbelebte Stelle an der Küste zurück, die Björn noch aus seiner Kindheit kannte. Sie lag weit hinter dem Touristenstrand, ein ganzes Stück weiter oben. Dort gab es keinen Liegestrand, nur steile Sanddünen und hohes Gras, das vom Wind ganz schief wuchs.

Die Platzwunde an Björns Lippe war frisch. Es war vollkommen überflüssig, zu fragen, wo sie herkam. Im Hintergrund rauschten die Wellen.
»Tut's weh?«, fragte Henriette. Björn schüttelte mit dem Kopf. Der Schorf hatte die Größe einer Kidneybohne. Henriette beugte sich zögerlich in Björns Richtung. Vorsichtig und ganz langsam strich sie mit dem Daumen über den Schorf. Björn zuckte kurz zusammen, ließ sie aber gewähren. Sein Blick traf ihren.
»Vermißt dich denn niemand?«, fragte er.
»Naa«, antwortete Henriette und nahm wieder etwas Abstand. »Mein Voater ist nur hier, um Geschäfte zu mochn. Irgendwas mit Immobilien und Hotels, ich woaß net. Und meine depperte Stiefmutter ist a Hex'n.«
Bei diesem Ausdruck mußte Björn schmunzeln. »A Hex'n«, wiederholte er amüsiert. »Das klingt so lustig.«
Henriette war sichtlich nicht zum Lachen zumute. »Sehr lustig, ja. Ihr sprecht's genau so komisch.« Sie sah Björn ernst an und zog die Augenbrauen leicht nach oben. »Sie will mir den Kontakt zu dir verbieten und erlaubt mir net, mit Einheimischen zu reden. Sie sagt, des san Piefkes. Die hat an Schuß, schon immer g'hobt.« Sie tippte sich mit dem Finger an die Schläfe.

»Was sind Piefkes?«, wollte Björn wissen. Er hatte dieses Wort noch nie gehört.
»A Schimpfwort für Däätsche«, sagte Henriette und sah aus, als würde sie sich dafür schämen.
»Verstehe ich nicht«, antwortete Björn. »Wieso kommt ihr dann hierher, wenn ihr Deutsche nicht leiden könnt? Was ist denn so schlimm an uns?«
Henriette seufzte und sah den Wellen zu. »Gar nichts. Meinem Voater geht's ums Geschäft, meine Stiefmutter hängt sich an seinen Rockzipfel, und mich hat keiner gefrogt.«
Sie drehte sich wieder zu Björn und sah ihn etwas verschämt an. »Schau, mir ist des vollkommen egal. Ich freue mich, am Meer zu sein, des gibt's nämlich bei uns unten net.«
Björn sah keinen Grund, dieses Thema zu vertiefen. Es spielte für ihn ebensowenig eine Rolle wie für sie. Es war genau so unwichtig wie ihre Figur oder sein gewalttätiger Vater.

Der Wind wehte die Locken durch Henriettes Gesicht. Sie strich sie sich heraus, aber sofort kamen die nächsten. Sie kniff die Augen zusammen, die Sonne blendete ein wenig. Beide sahen sich einen Moment lang an. Björn spürte seinen Herzschlag schneller werden. Der Blick aus Henriettes Augen hypnotisierte ihn beinahe. Noch nie empfand er für einen anderen Menschen solch eine starke Anziehung wie für Henriette. Bei ihr fühlte er sich sicher. Es war eine Vertrautheit zwischen beiden, die er nicht hätte beschreiben können. Sie kannte seine Gedanken, seine Gefühle. Bei ihr mußte er keine Angst haben. Hier konnte er so sein, wie er war. Hier konnte er Schwächen zeigen. Wie gerne hätte er jetzt seinen Kopf in ihren Schoß gelegt oder sie geküßt. Doch dazu fehlte ihm der Mut. Immerhin konnte er nicht sicher sein, ob sie das auch wollte. Und wenn er zu Hause eines gelernt hatte, dann, genau das zu tun, was andere wollen oder auch das nicht zu tun, was andere nicht wollen.

Henriettes Blick wurde intensiver. Er durchbohrte ihn. So sicher wie in diesem Moment war sie sich noch nie. Endlich jemand, der sich nicht wegen ihres Reichtums bei ihr einschmeichelte und dem es völlig egal war, was sie auf die Waage brachte. Jemand, der sie nicht ständig an einen Diätplan oder ans Workout erinnerte oder ihr mit irgendwelchen Haßtiraden in den Ohren lag. Obwohl sie diesen Jungen erst seit nicht ganz zwei Wochen kannte, spürte sie die gegenseitige Anziehung und das unendliche Verlangen, ihn zu berühren, zu küssen, sich in seine Arme zu legen und sich von ihm in den Schlaf streicheln zu lassen. Sie wartete nur darauf, daß Björn die Initiative ergriff, aber er tat es nicht. Langsam und ganz vorsichtig griff sie nach seiner Hand.
Er zuckte zurück.
Sie beugte sich nach vorne und flüsterte: »Schschsch …«
Ihr Herz raste vor Aufregung. Wie ferngesteuert näherte sie sich ihm und schloß ihre Augen. Dann trafen sich ihre Lippen. Es war nur ein kurzer Moment, ein sehr ungewohnter dazu. Björn fiel zurück. Er sah Henriette erschrocken an und wußte nicht recht, was er sagen sollte. Sie hielt seine Hand fest und sagte dann leise: »Hast schonmal a Freundin gehobt?«
Björn schüttelte mit dem Kopf.
Henriette lächelte ihn an und ließ sich ebenfalls zurückfallen, behielt seine Hand aber in ihrer. Dann sagte sie: »Dann bin ich wohl die erste.«
Das war sie.

8

Björn gelang es nicht jeden Tag, sich fortzuschleichen. Zu groß war die Angst, erwischt zu werden. Nach der Vorstellung seines Vaters hätte er täglich ununterbrochen für die Schule lernen sollen, während der selbst nachts durch Kneipen zog und tagsüber seinen Suff ausschlief. Trotzdem sahen sich Björn und Henriette oft und verbrachten viel Zeit miteinander. Björn zeigte ihr die Stadt, das Meer und die Strände. Sie aßen Fischbrötchen, pulten Krabben und spazierten Hand in Hand am Wasser entlang. Es war, als würden sie sich ewig kennen. Für Henriette war die Freundschaft mit Björn die schönste Rettung dieser Ferien. Für sie stand fest, daß die Entfernung kein Hindernis sein sollte. Sie hatte in Björn den besten Partner gefunden, den sie sich überhaupt vorstellen konnte. Zwar hatte sie noch keine Idee, wie sie die Beziehung zu ihm würde aufrechterhalten können, aber es war klar, daß sie mit ihm zusammenbleiben wollte und daß diese Ferien nur der Anfang ihrer Beziehung war. Ihrer ersten Beziehung mit ihrem ersten Freund.
Für Björn galt seinerseits dasselbe. Die Harmonie und die Warmherzigkeit, die von Henriette ausgingen, war ihm ebenso neu wie angenehm. Am liebsten hätte er sie in den Arm genommen und nie mehr losgelassen. Nur die abendliche Angst, wieder nach Hause zu müssen, die machte ihm zu schaffen. Wenn er Glück hatte, wartete dort nur ein Dreckloch. Aber er hatte eben nicht immer Glück, und so kam es vor, daß er Henriette am nächsten Tag mit frischen Blessuren unter die Augen trat.
Über allem schwebte auch die Furcht vor dem Abschied, den beide herannahen sahen. Drei Wochen können schnell vorübergehen.

»Letzter Tag heute«, sagte Björn im Tonfall ernstgemeinter Traurigkeit.

Henriette senkte den Kopf. »War klar, daß der irgendwann kommen würde.«
Björn sah sie mitleidig an und nahm sie an die Hand. »Versuchen wir, das beste daraus zu machen.«
Sie gingen Eis essen und genossen die letzten Stunden, die ihnen blieben.

Als der Nachmittag in den Abend überging, standen sie nur zwei Häuserzeilen von Henriettes Hotel entfernt an der Strandpromenade. »Ich muß los«, sagte Björn, »mein Vater …«
»Schon gut«, antwortete Henriette und wußte genau, was Björn meinte. Er würde ihn halbtot schlagen, wenn er herausfinden würde, wo und vor allem mit wem sein Sohn die Nachmittage verbrachte: mit einer fetten österreichischen Touristentochter, die ihn vom Lernen abhielt und die er doch bloß ins Bett kriegen wollte. Andererseits wäre Henriette auch eine gehörige Abreibung sicher, wenn Doris von dieser Bekanntschaft mit einem primitiven Piefke-Bub erfahren würde.
»Henriette, es war so schön mit dir«, begann Björn. Seine Stimme zitterte.
Henriette legte ihre großen Arme um ihn und drückte ihn so fest an sich, daß er zwischen ihren mächtigen Brüsten fast erstickte. Er sog ihren Duft ein, seine Augen wurden feucht. Beide hatten sich unsterblich ineinander verliebt, und es zerriß ihm das Herz, sein Mädchen nun gehen lassen zu müssen. Sie legte ihre Hand auf seinen Kopf und streichelte ihn. Dann küßten sie sich. Länger als sonst.
»Wir bleiben zusammen«, sagte sie und versuchte, stark zu sein, aber es gelang ihr nicht. Auch in ihren Augen glänzten die Tränen. Der Gedanke, morgen um diese Zeit schon wieder in der öden Tristesse ihres Hauses sein zu müssen, war unerträglich.

Björn löste sich aus ihrer Umarmung und zog einen kleinen zusammengefalteten Zettel aus seiner Hosentasche. »Ich darf zwar weder Handy noch E-Mail-Adresse haben, aber du kannst mir ja was schreiben. Ich versuche, die Briefe abzufangen. Und irgendwann komme ich dich besuchen. Versprochen.«
Henriette sah auf den Zettel. »Und wos ist, wenn dein Voater die Briefe zuerst sieht?«, fragte sie besorgt und versuchte, die Fassung zu wahren.
»Der pennt sowieso den ganzen Vormittag«, antwortete Björn überzeugt und wollte stark wirken.
Henriette streckte die Hand nach dem Zettel aus. Im selben Moment drückte sich etwas in ihre Schultern.
»Wos is dös? Geh, wos is'n dös?«
Doris!
Henriette wurde herumgeschleudert und sah in die funkelnden Augen ihrer Stiefmutter, die plötzlich hinter ihr stand und sie an den Schultern festhielt.
»Wos host'n do?«, fauchte sie und riß Henriette den Zettel aus der Hand. »Hob ich dir net g'sogt, du sollst net mit Piefkes reden?«
Björn machte einen Satz auf Doris zu und schnappte nach ihrer Hand. »Geben Sie her!« Aber Doris schleuderte den Arm mit dem Zettel nach oben. Henriette versuchte, sich aus dem Handgriff ihrer Stiefmutter zu befreien. Sie drehte ihren Oberkörper hin und her und zeterte: »Geh, loß mich, des geht dich gar nichts an! Gibst mir den Zettel wieder her!«, und da knallte es auch schon.
Wie aus dem Nichts stand Björns Vater neben ihm, hatte weit ausgeholt und ihm mitten ins Gesicht geschlagen, so daß Björn einen spitzen Schrei ausstieß und auf die Gehwegplatten fiel.
Henriette durchfuhr es wie ein elektrischer Schlag. Das alles ging zu schnell, um zu begreifen, was hier gerade passierte. Ihre widerlich keifende Stiefmutter platzte im

unpassendsten Moment hier herein, schimpfte und riß ihr ihre große Liebe weg, und im selben Augenblick erschien dieser dauerbetrunkene Barbar, der auf offener Straße seinen eigenen Sohn zusammenschlug. Henriette hielt sich erschrocken die Hand vor den Mund, sah auf Björn herunter, der sich unter den Schlägen seines Vaters wandte und jaulte und begann ihrerseits zu weinen, mehr aus Verzweiflung und Zorn. Auf den Gehwegplatten mehrten sich kleine dunkle Flecken.

Björn schrie und jammerte: »Nein, hör auf …«, aber der Alte drosch und prügelte weiter. »Bitte … laß mich …!« Die Flecken auf den Platten nahmen zu, das Blut rann aus Björns Nase und seinem Mundwinkel. Henriette wollte dazwischengehen, aber sie konnte nicht. Sie war gelähmt und schrie nur noch unter der Hand, die sie sich vor den Mund hielt.

Doris packte sie wieder an den Schultern. »Komm, weg hier, Retti, hörst net? Des san Asoziale, weg hier!« Sie zog Henriette weg, die sich wehrte und versuchte, dort zu bleiben und ihrem Freund zur Hilfe zu gehen, aber es ging nicht. Es kam ihr vor wie ein böser Traum oder ein Film, den sie sah, aber es war die Wirklichkeit. Doris warf den Zettel mit der Adresse neben sich auf die Mauer der Strandpromenade, wo der Wind sein übriges tat und zog Henriette mit beiden Händen und voller Kraft den Weg entlang. Sie strauchelte, fiel beinahe hin, richtete sich wieder auf, kam gegen Doris aber nicht an.

»Björn!«, schrie Henriette, »Bjööörn! Es tut mir lääd!« Sie hatte die Kontrolle über ihren Körper verloren. In einem Anfall von Hysterie brüllte und schrie sie, aber niemand ging dazwischen. Sie stolperte über ihre eigenen Beine und konnte vor lauter Tränen kaum noch etwas sehen. Immer wieder drehte sie sich um und sah den kleinen Haufen dort neben der Mauer und den großen Haufen, der immer wieder auf den kleinen niedersauste.

Björns Wehklagen waren unerträglich, und es war ihr, als würde sie jeden einzelnen Hieb, den Björn über sich ergehen lassen mußte, selbst einstecken.
»Björn!«, rief sie verheult, »ich vergesse dich net, mein Wikinger! Mir finden uns!«, aber Doris war stärker. Sie schleifte das Mädchen die Promenade entlang, über die Straße, um die Ecke und weiter.

Henriette weinte und schimpfte auf Doris und trat nach ihr. Die ließ das unbeeindruckt, und auch Henriettes Vater hatte wenig Verständinis für das Geschrei seiner Tochter und die Liebelei mit einem asozialen Piefke. Ihm waren der Vertragsabschluß und die paar idyllischen Nächte mit seiner Geliebten wichtiger.
Doch Henriette war untröstlich. Sie weinte bitterlich um ihren Freund, um den Verlust und den Schmerz, um ihre Liebe.

Der Flug am nächsten Morgen ging um Viertel nach zehn.

9

Björn konnte die folgende Woche nicht aus dem Haus. Die Blutergüsse, die längst nicht nur sein Gesicht bedeckten, waren unübersehbar. Selbst in dieser sozial schwachen Wohngegend, weg von Strand und Tourismus, wo sich keiner für den anderen interessierte, konnte er unmöglich auf die Straße gehen. Obwohl Björn hier längst nicht der Einzige mit derlei Verzierungen war. Seine Mutter versorgte ihn, so gut sie konnte mit Salbe und Verbänden. Allerdings durfte sie es damit auch nicht übertreiben, weil sie es sonst selbst abbekam. Aber der Alte war der Überzeugung, alles richtig gemacht zu haben. Das war er immer.

Besonders schlimm waren die Nächte. Nachdem seine Mutter Björn ins Bett gebracht und das Licht ausgeschaltet hatte, brach er regelmäßig in Tränen aus.
Henriette!
Henriette!
Er rief sie leise. Die Trennung von ihr zerriß ihm das Herz. Er vermißte seine Freundin, seine große Liebe. Das »Madl«, das all die Zärtlichkeit und Harmonie verkörperte, nach der er sich immer gesehnt hatte. Er weinte um sein Mädchen. Das Kopfkissen sog die Tränen auf, bis es keine trockene Stelle mehr darauf gab. Björn klammerte sich um das Kissen, als sei es Henriette. Er streichelte und küßte es vor Sehnsucht und vor Schmerz, bis er irgendwann vor Erschöpfung einschlief.
So ging es über Wochen.

10

Henriette hatte übers Internet eine Adresse gefunden, die zu Björns Name gehören konnte. Sie kannte nur seinen Nachnamen, und zu diesem gab es in dem Ort, in dem sie waren, und in der näheren Umgebung davon nur einen Eintrag. Es war ein Blindflug, aber die einzige Möglichkeit, die ihr blieb.

In den Brief schrieb sie all ihre Sehnsucht. Sie erinnerte sich an ihre gemeinsame Zeit, erzählte von den langweiligen Bergen und dem Elfenbeinturm zu Hause. Sie wollte ausbrechen, ihn wiedersehen, ihn und sich aus ihren Höllen befreien.

Wenige Tage später kam der Brief an sie zurück. Auf dem Umschlag stand: »Empfänger nicht ermittelbar«.
Die beiden haben sich nie wieder gesehen.

Das Haus in der Mühlenstraße – oder: Mein 120. Geburtstag

Ich bin schon lange hier, weit über hundert Jahre. Damit habe ich mehr gesehen und erlebt als so mancher, der hier wohnte. Schaue ich an mir herunter, so muß ich Defizite beklagen und zur Renovierung mahnen. Doch dazu wird es auf absehbare Zeit wohl nicht kommen, denn der Eigentümer geizt.

Fasse ich jeweils dreißig Jahre zusammen, lande ich am Anfang beim 3. April 1895. Zwar ist der lange her, doch kann ich mich gut an diesen Mittwoch erinnern. Es war der Tag, an dem die ersten Bewohner hier einzogen in die Mühlenstraße 18½, Parterre. Der Umzug der Familie war nötig geworden, weil der Vater in den hiesigen Polizeibezirk versetzt wurde. Er war ein rechter Haudegen, der Strenge walten ließ; zugleich war er jedoch ein fürsorgliches Familienoberhaupt. Sie hatten drei Kinder. Das älteste war Luise, damals siebzehn. Die Mutter legte großen Wert auf ein gepflegtes Erscheinungsbild ihrer Familie, und so war es für Luise eine Selbstverständlichkeit, das Elternhaus stets im Kleid und mit akkurat zurückgekämmtem Haar und Zöpfen zu verlassen. Auf Luises Schultern lastete nicht nur die Bestellung der Wohnung, sondern ebenso die Versorgung ihrer beiden Geschwister, die ihr so manchen Nerv rauben konnten. Für die Haushaltsschule blieb dieser Tage wenig Zeit. Am ersten Einzugstag noch lag alles durcheinander, eine rechte Ordnung war nicht zu erkennen. Doch bemühte sich die Familie um eine wohlige Herberge, was ihr durchaus gelang.

Dreißig Jahre später, 1925, inmitten der Weimarer Republik, stand ich noch. Ich hatte den Ersten Weltkrieg überlebt, wenn ich auch allerart Blessuren davongetragen hatte. Leider hatte der Krieg manchen Schaden angerichtet. So verschlang er Luises Vater und Bruder und brachte sie nie zurück. Einige Häuser hier nebenan wurden im Krieg völlig zerstört und nicht wieder neu errichtet. So hat sich die Zählung verschoben. Aus meiner alten Nummer 18½ war 14 geworden. Teile von mir mußten ganz neu oder zumindest umgebaut werden. Ich bekam ein neues Dach, eine neue Eingangstür, ein anderes Entrée und als eines der ersten Häuser in der Mühlenstraße einen Ölheizkessel. Der bedeutete allerlei Comfort für die Bewohner, konnten sie sich doch ihrer Kohleöfen entledigen. Mit Elektrizität ließen sich die Stadtväter Zeit. So gab es hier 1925 noch kein elektrisches Licht, und ein steter Vorrat an Kerzen und Petroleum war angemessen.
Luises jüngere Schwester ging als junge Frau nach Coblenz. Was aus ihr wurde, vermag ich nicht zu sagen. Luise hatte Carl geheiratet, der ebenfalls hier einzog. Den Kachelofen in der Stube hatten Luise und Carl beibehalten. Kinder waren ihnen nicht vergönnt. Anfang der 20er Jahre starb Luises Mutter, so daß Luise und Carl fortan allein hier lebten. Luise hatte eine Anstellung in einer Cigarettenhandlung bekommen und konnte so einiges zum Haushalt beitragen. Es waren aufregende, wenn auch anstrengende Jahre. Die Droschken wurden weniger, und wer es sich leisten konnte, fuhr ein Auto. Hier, in der Mühlenstraße, konnte es keiner. Im Garten hinter den Stuben bauten sie Kartoffeln an und Rüben, ein Nachbar hielt Kaninchen und Hühner. Das letzte von ihnen gakkerte im Frühjahr '49.

Weitere dreißig Jahre später, 1955. Niemand fuhr mehr mit Droschken. Das Ende des Zweiten Weltkriegs bedeutete eine erneute Umbenennung der Straße. Aus der

Mühlenstraße war einst die Joseph-Goebbels-Straße geworden, die man nach Kriegsende harmlos in Birkenweg umbenannte, obwohl hier gar keine Birken stehen. Meine 14 als Hausnummer wurde übernommen. So wurde nach fünfzig Jahren aus der Mühlenstraße 18½ der Birkenweg 14. Luise war mittlerweile siebenundsiebzig, eine alte Frau mit Rückenleiden. Carl starb ein Jahr zuvor an einer Lungenentzündung, von der er sich nicht erholte. Luise beklagte oft den zunehmenden Verkehr, womit sie nicht ganz unrecht hatte. 1955 bekamen alle Häuser hier im Viertel, so auch ich, neue Wasserleitungen und Badezimmer mit Toilette. Das Holzhäusel im Garten wich einem kleinen Pavillon.
Die Post verlegte Kabel für Fernsprecher, doch Luise war der Ansicht, ein solcher sei Teufelswerk, und man bräuchte keinen Fernsprecher. Dafür trennte sie sich von dem alten Kachelofen, ließ die Fußböden erneuern und spendierte der Küche einen Elektroherd mit Backrohr. Luise war recht stolz darauf! Sie hatte sich modern eingerichtet mit Tulpenlampen und Nierentischen, sehr apart. Luise wollte ihren Ruhestand genießen und war sich sicher, auf ein erfülltes Leben zurückblicken zu können. Sie starb 1957 kurz vor ihrem achtzigsten Geburtstag. Sie lebte zweiundsechzig Jahre lang in dieser Wohnung – so lang wie sonst niemand.

Nach Luise gab es mehrfache Mieterwechsel. Zu Beginn richtete ein Steuerberater sein Kontor ein, blieb aber nur kurz. In den 60er Jahren lebte hier eine Kleinfamilie für ein paar Jahre, doch die Eltern schlugen sich nur. Nach ihrem Auszug stand die Wohnung zwei Jahre leer, in den 70ern kam eine wilde Wohngemeinschaft aus Studenten. Als im Sommer 1985 Doktor Kaiser, ein junger Zahnarzt, die Wohnung kaufte, ahnte ich noch nicht, was auf mich zukommen würde. Er bekam sie deshalb so billig, weil die drei Jahre vor seinem Einzug ein Irrer hier lebte. Der war dem Wahn verfallen und hatte sämtliche Wände mit Tesafilm beklebt aus Angst vor angeblichen Röntgenstrahlen vom gegenüberliegenden Hause. Er war ein rechter Narr, verstarb unter ungeklärten Umständen und blieb wochenlang unentdeckt. Der Leichengeruch zog in jeden Winkel, so daß dem Zahnarzt ein besonderer Kaufpreis eingeräumt wurde. Er kaufte die Wohnung und veränderte sie bis zur Unkenntlichkeit. So riß er alle Böden und einige Wände raus, zog neue ein, erneuerte Badezimmer und Fenster und stellte in die Stube einen großen Farbfernseher und einen Schallplattenspieler. Die Weiber reihten sich, er ließ nichts anbrennen und feierte vortreffliche Orgien. Schnell hatte ich den Überblick verloren. Doch gingen zu dieser Zeit mehr Fremde hier ein und aus als die ganzen Jahre seit meinem Bestehen! Dann und wann beklagte sich Doktor Kaiser über mangelnden Parkraum für seinen Ford Capri. Tatsächlich hatte der Straßenverkehr so zugenommen, daß man früh nach Hause kommen mußte, um noch einen Platz zu erlangen. Wo sich früher zwei Droschken bequem begegnen konnten, reihten sich nun zahllose Autos aneinander. Die Pflastersteine hatten sie schon in den 60er Jahren mit schwarzem Asphalt überzogen. An manchen Stellen, an denen der sich gelöst hatte, sah man die alten Steine hindurch, was einem einen Eindruck davon vermitteln konnte, wie sämtliche Straßen der Stadt einmal aussahen.

Nun haben wir den 30. November 2015, also wieder dreißig Jahre später. Damit zähle ich stolze hundertzwanzig Lenze und habe eine ganze Menge erlebt. Doktor Kaiser ist schon 1991 ausgezogen, besitzt die Wohnung aber bis heute und vermietet sie zu horrenden Preisen. Mittlerweile wohnt eine alleinerziehende Frau mit ihren beiden Söhen in der Parterre-Wohnung. Sie klagt nicht über die zugeparkte Straße, denn sie kann sich kein Auto leisten. Ihre Entscheidung zwischen Auto und Wohnung fiel auf die Wohnung. Ihre Klagen betreffen vielmehr den Zahnarzt, den sie für einen geilen Nimmersatt hält und damit recht hat. Die dringend nötige Ausbesserung meiner Blessuren würde er wohl an einem 31. Februar vornehmen.

So sind seit meinem Bau viele Jahre vergangen. Eine Menge habe ich erlebt, und nicht alles war gut. Ich habe miterlebt, wie Menschen gekommen und gegangen sind, wie sie sich gestritten und geliebt, wie sie sich eingerichtet und gelebt haben. Sie haben sich verändert. Sie kleideten sich anders, sie sprachen anders, zu jeder Zeit waren ihnen andere Dinge wichtig. Heute verliert niemand einen Gedanken an ein Wasserklosett im Badezimmer, über fließendes Wasser, eine Zentralheizung oder über elektrisches Licht. Einen Fernsprecher verteufelt heute ebenso niemand mehr; sein Vorhandensein ist eine Selbstverständlichkeit, wenn er auch auf die Größe einer halben Tafel Schokolade geschrumpft ist. Ich selbst habe mich in diesen vielen Jahren verändert. Durch An- und Umbauten, durch neue Fenster, Wände, Leitungen und Einrichtungen. Die Straße hat sich verändert, wie auch die ganze Stadt eine andere geworden und doch immer noch die Alte ist.

Heute brennen hundertzwanzig Kerzen auf meinem Kuchen, und ich wünsche mir, daß noch so manche dazukommt und ich die weitere Entfaltung von mir selbst und meinen Bewohnern weiterhin mit Spannung verfolgen kann.

Wenn auch ich eines Tages dem Erdboden gleichgemacht werde, kann ich, wie einst Luise, auf ein langes und erfülltes Leben zurückblicken und mich freuen, so vielen verschiedenen Menschen ein Obdach gegeben zu haben.

Später Anruf

Hinten im Feld lag ein Pferdegestüt. Es zählte ebenso zum festen Bestandteil dieser Stadt wie die Spielbank, die Golfplätze und die Propeller-Flugschau jedes Frühjahr, welche allesamt zahlungskräftige Gäste aus dem gesamten Umland anlockten. Die ganze Stadt konnte sich über mangelnde potente Einwohner nicht beklagen und proklamierte für sich im Slogan das Vorhandensein von »Champagnerluft«, ein geradezu lächerlicher Euphemismus, den man schnell wahrnahm, wenn man dort lebte. Dennoch war ein gewisser Wohlstand nicht von der Hand zu weisen, den die Bewohner gerne mitnahmen. Ein Pferdegestüt, in welchem die Araber und Englischen Vollblüter der Besserreitenden zu Hause waren, reihte sich somit ideal in das Stadtbild ein.

Was den Anwälten und Ärzten die Golfplätze waren, das war deren Töchtern das Gestüt. Auf eine von ihnen hatte Daniel seit längerer Zeit schon ein Auge. Jennifer ging in seine Parallelklasse und schien sich aus Jungs und speziell aus ihm wenig zu machen. Sie haßte es, wenn andere sie ungefragt Jenny nannten, dieses Privileg räumte sie nur wenigen ein. Daniel gehörte nicht dazu. Er verstand es aber als ein Spiel, das er gerne mitspielte und redete sie deshalb stets ehrfurchtsvoll mit ihrem vollen Namen an.

Daniel hatte sich fest vorgenommen, sie für sich zu gewinnen, denn Jennifer strahlte etwas aus, das ihn anzog. Er mochte ihre langen braunen Haare, ihre grünen Augen und die süße Jeansjacke, die sie immer anhatte und die ihr ausgezeichnet stand. Jennifer war in der Schule eine Außenseiterin. Sie fand kaum Anschluß und schien nur eine Freundin zu haben. Daniel war das nicht entgangen, und es machte sie für ihn dadurch erst recht interessant. Genau deshalb mißtraute Jennifer ihm aber auch und nahm ihm seine Begeisterung für Pferde nicht recht ab. Natürlich war die nicht ganz echt, aber Daniel wollte sich gerne mit ihr und den Dingen, die ihr wichtig waren, beschäftigen. Jennifer im Gestüt zu besuchen, war für ihn eine Selbstverständlichkeit, obwohl sie ihn ein wenig Überwindung kostete. Immerhin war er dort der einzige Junge zwischen all den Mädchen und jungen Frauen, denen dieser ungewöhnliche Besuch natürlich auffallen mußte und der auch Jennifer in Verlegenheit und Erklärungsnot brachte. Sie tat sich schwer, sich selbst einzugestehen, daß sie Daniel zwar immer noch nicht recht traute, von seinen Annäherungsversuchen insgeheim aber beeindruckt war. Wenn er es bis hierher geschafft hatte, ohne von Alufelgen oder Endgegnern im zehnten Level anzufangen, dann wäre er es vielleicht doch wert, ihn an ihrem Leben etwas Anteil haben zu lassen.

Das Feld war flach, der schmale Weg bis zu den Stallungen ebenso, und wer auf einem Fahrrad saß und langsam näherkam, fiel sofort auf. Jennifer erkannte Daniel von weitem. Sie hatte ihn schon kommen sehen, als sie noch mit Ikarus auf der Koppel war. Tatsächlich freute sie sich über seinen Besuch, aber das hätte sie nie zugegeben. Sie stieg ab, klopfte ihrem Kladruber auf den Hals und zog ihn behutsam in den vorderen Teil des Hauptgebäudes, wo sich die Rennhalle und ein Teil der Unterstände befanden. Um Zeit zu schinden, beeilte sie sich in keiner Weise, Ikarus von seinem Zaumzeug zu befreien und ihn zu bürsten. Sie wollte, daß Daniel sah, wieviel Arbeit mit diesem Hobby verbunden war und daß er bereit sein müßte, Opfer zu bringen, wenn er sich ernsthaft mit ihr beschäftigten wollte. Aus dem Augenwinkel heraus sah sie Daniel auf sich zufahren.

»Hallo, Jennifer«, rief er ihr zu und lehnte sein Fahrrad gegen die Stallmauer. Daniel war von dem Anblick des Mädchens begeistert. Der schwarze Reiterhelm und die hohen Stiefel machten Jennifer zu etwas Besonderem. Sie drehte sich kurz zu ihm um und erwiderte seinen Gruß einsilbig. Es dauerte eine Zeit, bis beide so weit aufgetaut waren, daß ein vernünftiges Gespräch zustande kam. Jennifer war bewußt, daß sie es Daniel nicht gerade leicht machte, aber es schmeichelte ihr sehr, daß er da war und sich wirklich Mühe gab, sie zu erobern. Und doch machte es sie ein wenig verlegen. Es war das erste Mal, daß überhaupt ein Junge mehr von ihr wollte als ihre Deutsch-Hausaufgaben abzuschreiben.

»Hast du heute abend schon was vor?«, fragte sie ihn schließlich und setzte dabei ihren Reiterhelm ab.
Daniel war nicht klar, worauf sie hinaus wollte. Er zögerte einen Moment, sagte aber dann: »Eigentlich nicht. Wieso?«
Jennifer klemmte sich den Helm unter den Arm und sah Daniel neckisch an. »Wir haben hier heute abend einen kleinen Wettbewerb. Barockes Dressurreiten. Ich bin mit Ikarus dabei.«
Ein wohliges Gefühl überzog Daniel. Zwar hatte er keine ansatzweise Vorstellung von barockem Dressurreiten, und es hätte ebenso irgendein anderes Reiten sein können, aber wenn seine Heldin auf dem Pferd sitzen und ihm eine Reitvorstellung geben würde, dann durfte er sich das auf keinen Fall entgehen lassen. In diesem Moment wollte Daniel alles über Barockes Dressurreiten wissen. Ja, er wollte alles übers Reiten lernen, was es gab, und es würde ihm völlig egal sein, was seine Freunde über ihn sagen

würden. Er wollte in Jennifers Welt eindringen, Teil davon werden und ihre Begeisterung teilen.
»Na, was ist? Kommst du? Überleg's dir gut, das nächste Show-Reiten ist erst im Herbst«, sagte Jennifer und schien ungeduldig zu sein.
Daniel überspielte einen Anflug von schlechtem Gewissen, holte tief Luft, nickte aber.
»Gut, dann um sieben. Ich bin wahrscheinlich so gegen acht dran, aber um sieben geht's los. Dann können wir noch was trinken, bis ich anfangen muß.«
Daniel strahlte. Was für eine Einladung! Er konnte es kaum erwarten, bis es so weit war.
Jennifer wandte sich wieder ihrem Pferd zu. »Ich hab' jetzt hier ein bißchen was zu tun und muß dann kurz nach Hause. Komm doch einfach heute abend, aber zieh' dir was Anständiges an.«
Damit drehte sie sich noch einmal kurz zu Daniel um und signalisierte ihm mit einer Handbewegung, wieder zu fahren.

* * *

So sehr er diese Begegnung auch genoß: Insgesamt betrachtet konnte Daniel weniger Zeit mit Jennifer verbringen als ihm lieb war. Die Schule hatte Vorrang und machte seit längerem schon äußerst wenig Spaß, was sich auch an seinen Noten ablesen ließ. Er war zwar immer noch ein mittelmäßiger Schüler, aber Rainer und Heike sagten, sie würden sich wünschen, er würde sich etwas besser auf Klassenarbeiten vorbereiten und seine Hausaufgaben sorgfältiger machen. Und sie überhaupt machen, was keine Selbstverständlichkeit war. Sie kannten ihn, aber von Jennifer und den heimlichen Ausflügen in das Pferdegestüt wußten sie nichts. Wenn Daniel sagte, er sei mit dem Fahrrad unterwegs, was ja auch stimmte, gingen Rainer und Heike wahrscheinlich davon aus, daß er sich mit Freunden in der Stadt oder an der Mountainbike-Strecke im Wald treffen würde. An eine Flirterei mit einem Mädchen dachten beide garantiert nicht. Immerhin hatte Daniel nie etwas in dieser Richtung erwähnt, und er würde einen Teufel tun, seinen Eltern von Jennifer zu erzählen.

Daniel hatte keine Geschwister. Andere Eltern bezeichneten Rainers und Heikes Engagement für ihren Sohn manchmal als übertrieben, was er nicht nachvollziehen konnte. Materiell ging es ihm gut, dessen war er sich bewußt. Das Haus würde eines Tages ihm gehören; es war zur Hälfte abbezahlt. Allerdings würde es länger dauern als seine Eltern anfangs dachten. Nachdem Rainers Firma mit einer anderen fusioniert hatte, was praktisch einer feindlichen Übernahme und einer Auflösung der Firma gleichkam, verdiente Rainer deutlich weniger als vorher. Zudem mußte er täglich pendeln, konnte aber insgesamt immer noch froh sein, mit Mitte Vierzig überhaupt noch dort arbeiten zu dürfen. Heike wiederum hatte es besser getroffen. Sie war eine Frau, der vieles zuflog und die – zumindest im Beruf – vom Glück verfolgt zu sein schien.

Von Heikes Privatleben konnte man das nicht gerade behaupten. Sie hatte sich ein zweites Kind gewünscht, aber die Dinge laufen nicht immer so, wie man sie gerne hätte. Wenige Jahre, nachdem Daniel zur Welt kam, hatte sie eine Fehlgeburt. Die Ursache wurde nie abschließend geklärt, aber es gab Anzeichen für einen Tumor. Seitdem war sie zwar weiterhin am Leben, mußte dafür aber den Preis der dauerhaften Unfruchtbarkeit bezahlen. Rainer schien damit weniger Probleme zu haben als sie, was die Ehe immer wieder auf eine harte Probe stellte, aber letztlich hatten beide ihre Wege gefunden, die Realität zu akzeptieren. Auch Daniel hatte sich mit seiner Situation abgefunden und aufgehört, Fragen nach der Vergangenheit zu stellen.

»Wie war's in der Schule?«
Grundsätzlich schätzte Daniel es, wenn jemand Interesse an ihm zeigte und sich nach ihm und seinen Aktivitäten erkundigte, aber die Frage nach der Schule war eine, die man ihm besser nicht stellte. Heike tat es trotzdem. Jeden Tag. Und genau das konnte Daniel auf die Palme bringen.
»Geht so«, antwortete er tonlos, ließ seinen Rucksack vom Rücken auf den Fußboden gleiten, schlurfte an Heike vorbei und war im Begriff, sich etwas Eßbares aus dem Kühlschrank zu holen.
Heike bohrte nach. »Was ist mit Physik? Ihr schreibt doch morgen.«
»Mach' ich gleich«, murmelte Daniel mehr zu sich selbst als zu Heike und nahm sich eine Packung mit Käsescheiben heraus. Heike folgte Daniel in die Küche. Als Daniel die Kühlschranktür wieder schloß, traf sein Blick Heikes.
»Jetzt! Heute!«, sagte Heike nachdrücklich und zerrte Daniel die Käsepackung aus der Hand. »Du bleibst heute hier und lernst Physik!«
Da war es wieder: dieses unangenehme Gefühl der Bevormundung. Es ging nicht um Physik oder um den Käse, den ihm seine Mutter gerade wieder abgenommen hatte. Es ging um das Date mit Jennifer, von dem Heike natürlich nichts wußte und das Daniel nun ernsthaft in Gefahr sah. Wenn er entgegen seiner Zusage nicht kommen würde, könnte er es mit Jennifer sofort vergessen. »Ich lerne Physik gleich, ich bin heute abend verabredet.«
»Nein, du bleibst hier«, wiederholte Heike streng und pfefferte die Käsepackung auf den Küchentisch. Beim Thema Schule war mit ihr nicht gut Kirschen essen. Sie wollte, wie jede Mutter eines Einzelkindes, für ihren Sohnemann nur das Allerbeste, und selbst das war gerade gut genug. Daniel wußte das. Sie wollte ihn als Musterschüler

sehen, als einen, zu dem andere aufblicken, den andere bewundern und der eines Tages den Nobelpreis bekommen würde. Wofür, würde Heike egal sein, Hauptsache, ihrem Daniel wurde eine Ehre zuteil, die sie sich auf ihre Fahne würde schreiben können. Wenn sie schon nicht zur Elite dieser Stadt gehörten, dann wollte sich Heike doch wenigstens mit fremden Federn schmücken, indem ihrem Sohn eine gewisse gesellschaftliche Anerkennung zuflog. Daniel kannte dieses Spielchen schon lange. Seit über fünfzehn Jahren, um genau zu sein, und es kotzte ihn an. Meistens war es Rainer, der Heike dann wieder auf den Boden der Tatsachen zurückholte, aber Heike fiel es offensichtlich schwer, Daniel seine Jugendlichkeit zuzugestehen und Verständnis für seine pubertären Anwandlungen aufzubringen.

Daniel spürte die Schwierigkeit dieser Diskussion und ahnte, daß er den Kürzeren ziehen würde. »Ich bin aber verabredet«, schimpfte er und nahm sich den Käse zurück. »Ich hab' noch andere Sachen zu tun als immer nur die verdammten Hausaufgaben!« Damit versuchte er, sich an seiner Mutter vorbei in den Flur zu drücken, aber Heike versperrte ihm den Weg.
»Daniel, nein! Du bleibst hier. Ich will, daß die Physik-Arbeit mindestens eine Drei wird. Du gehst heute nirgendwo mehr hin, sondern du bleibst hier und lernst.«
In Daniel stieg Zorn auf. Er kannte seine resolute Mutter nur zu gut, und es war vollkommen klar, daß er sich die Reit-Show in die Haare würde schmieren können. Jennifer würde ihm den Kopf abreißen! Hätte seine Mutter den Grund für die Verabredung gewußt, wäre es vielleicht etwas anderes gewesen. Andererseits wollte er ihr aber auch nichts von Jennifer erzählen, denn er war der Meinung, daß seine Mutter das absolut nichts anging. Am Ende würde sie ihm vielleicht noch heimlich Gummis zustecken oder hinterher fragen, wie es war. Oder, was

am schlimmsten gewesen wäre, wenn sie ihm eingeredet hätte, daß so etwas nur andere taten, aber nicht er oder daß er noch zu jung war. Diese Blöße wollte sich Daniel unmöglich geben, und so zog er es vor, Heike weiterhin in dem Glauben zu lassen, er träfe sich mit Freunden zum Fahrradfahren. Das war das kleinere Übel.

»Laß mich jetzt durch!«, forderte Daniel.
Heike gab die Tür frei, blieb allerdings mit einem schlechten Gefühl neben dem Türrahmen stehen. Mit dem Käse in der Hand griff Daniel nach seinem Rucksack und stampfte die Treppe hoch. »Ich bin verabredet, ich bin heute abend nicht da, wo ist das Problem?«, meckerte er, während er in seinem Zimmer verschwand. Heike kam hinter ihm her. »Die letzte Physik-Arbeit war nicht besonders und die davor auch nicht. In den anderen Fächern steht's auch nicht gerade zum besten. Du bleibst heute hier und lernst Physik. Die Arbeit morgen wird mindestens eine Drei, hast du verstanden?«
Ohne, Heike mit einer Antwort auf diese Frage zu belohnen, schloß Daniel seine Zimmertür von innen und schaltete die Stereoanlage ein.
»Und mach die Musik leiser!«, rief Heike, aber sie hätte ahnen können, daß sich Daniel aus all dem, was sie sagte, überhaupt nichts machte.
Trotz der Gleichgültigkeit gegenüber der Schule hatte Daniel im großen und ganzen ein gutes Verhältnis zu seinen Eltern. Meistens war Rainer derjenige, der zu Hause das Gleichgewicht zwischen seinem Sohn und dessen Mutter wieder herstellen konnte. Und daß man auch mit einer Vierer-Flatrate in Physik gut leben konnte, wußte der nur zu gut von sich selbst.

* * *

Der Abend verlief ruhig. Daniel blieb tatsächlich mißgelaunt zu Hause und zog sich nach dem Essen in sein Zimmer zurück.
»Er hat ganz schön geschmollt heute mittag«, erklärte Heike. Sie wollte, daß Rainer von dem, was tagsüber geschah, wußte.
»Warum?«, fragte Rainer. Er stand aus seinem Sessel auf, legte etwas Holz in den Kamin und drückte Anzünder in die Lücken.
»Er war wohl mit Freunden zum Fahrradfahren verabredet. Er schreibt aber morgen Physik, das ist nun nicht gerade sein starkes Fach.«
»Nenn mir sein starkes Fach«, kicherte Rainer. Heike mußte ebenfalls schmunzeln, legte aber nach: »So lustig ist das nicht. Wenn es nur Physik wäre, dann würde ich ja gar nichts sagen. Aber er hat in letzter Zeit arg nachgelassen. Ich mache mir Sorgen, daß er das Schuljahr nicht packt, wenn das so weitergeht. Ich habe ihm aufgetragen, heute abend hier zu bleiben und für die Arbeit morgen zu lernen.«
Rainer steckte den Anzünder an und legte noch etwas Anfeuerholz auf die kleinen Flammen, ehe er sich wieder in den Sessel fallen ließ.
»Schatz, er ist fast sechzehn. Wie warst du in dem Alter?«
»Darum geht's doch gar nicht«, war Heikes Antwort, die ein bißchen wie eine Ausflucht klang. »Ich will einfach nicht, daß er sitzenbleibt und uns irgendwann Vorwürfe macht. Fahrradfahren kann er auch noch morgen, wenn er die Arbeit hinter sich hat.«
Rainer wollte nicht weiter darüber sprechen. Es war ihm unangenehm. Er wollte sich aus dem schulischen Bereich möglichst heraushalten, weil er wußte, daß das nicht Daniels Lieblingsthema war und er sich damit bei unbeliebt machen würde. Um seine Anerkennung als Vater nicht zu riskieren, klammerte er die Schule gerne aus und bemühte

sich, seinem Sohn eine moralische und väterliche Stütze zu sein.

Rainer und Heike blieben im Wohnzimmer. Sie schauten im Fernsehen die Nachrichten und eine langweilige Dokumentation über Vögel auf den Färöer-Inseln, weil etwas besseres nicht kam. Erst, als es draußen dunkel und die Doku längst zu Ende war, kam Daniel kurz herein, blieb aber nicht lange, wünschte eine gute Nacht und zog sich zurück.
Heike legte zwei neue Holzscheite ins Feuer und setzte sich dann aufs Sofa. Sie war noch nicht müde genug, um ins Bett zu gehen und genoß diesen Abend, an dem ausnahmsweise mal kein Besuch da war, dem sie etwas vormachen mußten.

* * *

Es ging auf Mitternacht zu, als Heike die Augen zufielen und sie ins Bad ging, um sich bettfertig zu machen. Rainer stocherte mit dem Schürhaken im Kaminfeuer herum, um die Glut auseinanderzuschlagen, damit sie schneller erlosch. Zwar konnte eigentlich nichts passieren, aber es machte ihn nervös, wenn niemand mehr im Wohnzimmer war und dort ohne Aufsicht der Rest vor sich hin kokelte. Es gelang ihm, die letzten Holzreste so weit zu zerkleinern, daß bald nur noch eine hellrot schimmernde Hitze auf dem Grund lag. Sie strahlte eine angenehme Restwärme ab, die aber nicht mehr lange anhalten würde. Rainer schloß die Glastür und wollte den Schürhaken gerade wieder zurück in den Ständer des Kaminbestecks hängen, als das Telefon klingelte.

»Wer ist das denn?«, fragte er sich selbst, erhob sich und schaute auf seine Armbanduhr. »Zehn vor zwölf.«
Es klingelte erneut.

Heike trat durch die Dunkelheit im Flur zu ihm herein. Sie trug bereits ihr Nachthemd und hatte die Zahnbürste im Mund. Sie legte einen fragenden Gesichtsausdruck auf und hatte gehofft, Rainer hätte eine Erklärung für einen so späten Anruf. Aber der schaute sie ebenso ratlos an wie sie ihn.
Wieder klingelte es.
Rainer griff zögernd nach dem Hörer.
»Nolpe«, sagte er fragend. Ihm war gar nicht wohl.
»Rainer Nolpe?«, sagte eine Stimme und klang besorgt.
Rainer kannte die Stimme nicht. »Ja«, antwortete er, »wer ist da?«
»Schneider, Kreiskrankenhaus. Herr Nolpe, wir haben eine schlimme Nachricht für Sie.«
Rainer wurde es eiskalt. Sofort verlor sein Gesicht an Farbe. Er sah Heike entsetzt an, die immer noch neben ihm stand und mit der Zahnbürste im halbgeöffneten Mund reichlich dümmlich aussah. Aber auch ihr war Angst anzusehen. Sie deutete Rainers Blick und spürte, daß etwas nicht stimmte.
Rainer schaltete den Lautsprecher an und wiederholte: »Wie, bitte? Kreiskrankenhaus?«
»Ja«, antwortete die Stimme.
Heike nahm die Zahnbürste aus dem Mund. Sie legte die Stirn in Falten und zog sich das Nachthemd zu. Ihr wurde schlagartig schlecht. Sie hatte eine Ahnung. Ihr gingen Bilder durch den Kopf. Bilder von Daniel.
Rainer wandte sich wieder dem Anrufer zu. Er gab sich Mühe, die Fassung zu wahren. »Was ist passiert?«
»Wir haben eine schlimme Nachricht für Sie. Ihr Sohn hatte einen schweren Unfall. Er liegt bei uns auf der Intensivstation und schwebt in Lebensgefahr.«
»Oh, Gott«, stöhnte Heike leise. Ihre Augen wurden feucht. Hatte sich Daniel, nachdem er sich verabschiedet hatte, heimlich nach draußen geschlichen? Das hätte sie doch gehört! War sie zu streng? Hätte sie ihn gehen las-

sen sollen? Sie flüsterte Rainer zu: »Ich hatte ihm doch gesagt, er soll hierbleiben. Er ist doch ins Bett gegangen. Oder nicht?« Ihre Knie zitterten.
Rainer zog ungläubig die Augenbrauen zusammen und wandte sich wieder dem Anrufer zu. »Das kann nicht sein. Unser Sohn ist hier bei uns. Er schläft.«
Die Stimme im Telefon schwieg einen Moment und fuhr dann fort. »Herr Nolpe, Ihr Sohn schwebt in Lebensgefahr. Er hatte einen Unfall.«
Heike ließ die Zahnbürste fallen und verschwand in den Flur. Rainer konnte hören, wie sie die Treppe hochpolterte und die Tür zu Daniels Zimmer öffnete.
»Unser Sohn schläft schon seit einer Stunde. Er war überhaupt nicht weg.« Rainer bemühte sich um Sachlichkeit und hoffte, daß seine Behauptung auch zutraf. Es war nicht Daniels Art, sich heimlich aus dem Staub zu machen und abends ohne Wissen seiner Eltern zu verschwinden. Andererseits hatte er Daniel das letzte Mal gesehen, als er sich zu Bett verabschiedet hatte, und das war über eine Stunde her, Zeit genug für einen Unfall. Wer kann schon die Gedanken eines Jugendlichen lesen? Rainers Hände schwitzten.
Heike kam zurück. In ihrem Gesicht stand Verzweiflung. »Daniel ist da«, sagte sie leise, beinahe flehentlich. »Er liegt im Bett und schläft.« Sie faßte Rainer am Arm und schien sich daran festzuhalten. Ihre Hände waren wie Eis. Rainer verstand die Welt nicht mehr.
»Unser Sohn ist hier bei uns. Er liegt im Bett, meine Frau war eben bei ihm«, sagte Rainer ins Telefon und hoffte auf ein Mißverständnis.
Wieder schwieg die Stimme für einen Augenblick und sagte schließlich: »Dann müssen wir wohl jemand anderem die schlimme Nachricht überbringen«, und legte auf.

An meinen Engel!

Ausgemacht war sechs Uhr. Jetzt geht es schon auf halb sieben zu, es regnet in Strömen und wird so langsam dunkel. Ich kann nicht einmal sagen, ob wir gleich da sind. Dabei hasse ich es, mich zu verspäten. Ich hasse es bei anderen und noch viel mehr, wenn es mich selbst erwischt und ich eine Verabredung nicht einhalten kann. Es wird nichts weiter passieren, er wird mir deswegen nicht den Kopf abreißen. Allerhöchstens schade ich mir selbst, wenn die guten Stücke schon weg sind und ich nur noch bekommen kann, was übrig bleibt. Daß dieses dämliche Navi-Ladekabel auch ausgerechnet jetzt einen Wackelkontakt haben muß! Na ja ... Zugegeben: Den hat es nicht erst seit gestern. Ich weiß schon länger, daß das Ding eine Macke hat, aber ich habe es vor mir hergeschoben und mir immer gesagt: »Mach' ich morgen, mach' ich morgen«. Und dann doch nicht gemacht. Außerdem habe ich das Navi schon lange nicht mehr gebraucht. Kein Wunder, daß er Akku leer ist und ich es nicht mehr einschalten kann. Und ohne funktionierendes Ladekabel bekomme ich ihn nicht mehr voll. Also bleibt mir nichts anderes übrig, als ohne auszukommen.

Steffi hatte eine Seite aus dem Internet ausgedruckt. Der Ausschnitt des Stadtplans, auf dem die Nußbergstraße eingezeichnet ist. Bislang war ich der Überzeugung, diese Stadt wie meine Westentasche zu kennen und zu wissen, welche Straße wo liegt, aber von einer Nußbergstraße habe ich noch nie gehört. Ich kenne mich auch in diesem Stadtteil nicht aus, weil ich dort nie zu tun habe. Und

ausgerechnet jetzt, wo wir eine Verabredung haben, bei der es auf Pünktlichkeit ankommt, verspäten wir uns so, um diese Straße zu suchen. Die hereinbrechende Dunkelheit und der Sturzregen machen die Sache nicht leichter.
»Die nächste rechts«, sagt Steffi, blickt von dem Ausdruck auf und sieht sich suchend um, während ich unseren Kombi vorsichtig durch die zugeparkte Gasse steuere und hoffe, daß mir mein Hintermann meine Schleicherei nachsieht. Bloß nicht an der Einmündung vorbeifahren! Ich habe keine Lust, hier zu wenden oder in diesem Wohngebiet voller Einbahnstraßen herumzugurken, um die Straße, in die wir müssen, wiederzufinden. Tatsächlich hebt Steffi den Arm und deutet auf eine Lücke zwischen den parkenden Autos. »Da rein!«, sagt sie. »Nußbergstraße, da ist es!«
Der Scheibenwischer schiebt sich rhythmisch über die Windschutzscheibe, aber der Nachschub von oben kommt sofort. Mit schnellem Handgriff drehe ich das Gebläse ab und das Radio leiser. Die einsetzende Ruhe ist eine Wohltat. »Die geraden Nummern sind auf deiner Seite«, stelle ich fest. Steffi hat sich zur Seite gedreht und zählt mit: »... vierzehn, sechzehn, achtzehn, dann muß das die zwanzig sein, zweiundzwanzig, da vorne. Das schmale graue.« Wir haben Glück. Direkt vor dem Haus ist genügend Platz zum Parken.
»Hoffentlich kriegen wir noch was Gescheites ab«, sage ich, während ich einparke.
Steffi legt den ausgedruckten Stadtplan auf das Armaturenbrett und schnallt sich ab. »Wenn nicht, war es ein Versuch. Dann fahren wir eben wieder«, sagt sie entschlossen.
Ich mag ihren Pragmatismus. Dieses Unkomplizierte. Sie ist keine Frau, die Probleme macht, wo keine sind, und das schätze ich an ihr. Wie auch einiges andere, aber dieser Charakterzug ist selten bei Menschen.

Der Regen schlägt mir ins Gesicht. Es ist ein richtiges Sauwetter und läßt uns beide den schmalen Fußweg bis zur Haustür hinaufrennen. An der Klingel steht, was dort stehen soll: Annemarie Feichtner. Steffi drückt, und wenige Sekunden später öffnet uns ein älterer Mann die Tür. Er ist etwas kleiner als ich, hat graumelierte langweilig aussehende Haare und eine schmale Brille. Seine dunkelblaue Strickjacke erinnert mich ein wenig an die eines Lehrers, den ich mal hatte. Überhaupt wirkt er etwas farblos und bieder. Wieder spüre ich, daß mein innerer Schweinehund gewonnen hat und ich überlege, was dieser Mann beruflich machen könnte. Es ist eine schreckliche Angewohnheit, aber ich erliege ihr immer wieder aufs Neue, wenn ich jemanden zum ersten Mal sehe. Er könnte Finanzbeamter sein oder eben auch Lehrer, aber das wäre zu einfach. Wahrscheinlich ist er etwas völlig anderes, woran ich spontan gar nicht denke. Metzger zum Beispiel oder Bestatter.
»Herr und Frau Seisel?«, fragt er mit kratziger Stimme. Wir nicken.
»Wilhelm Feichtner. Ich habe Sie erwartet. Kommen Sie doch bitte herein.«
Der Eingangsbereich des Reihenhauses sieht genau so aus, wie man sich Eingangsbereiche in Reihenhäusern vorstellt, in denen jahrzehntelang alte Leute gelebt haben. Es riecht auch so: etwas muffig und wie eine Mischung aus altem Kaffee, Streuselkuchen und ungelüfteten Betten. Die Decke ist mit dunkelbraunen Holzpaneelen ausgekleidet, die Wände sind mit weißer Strukturtapete beklebt. Bilder, offensichtlich von Familienangehörigen, hängen daran: zwei Schwarzweißfotos von alten Leuten, das Foto einer lächelnden jungen Frau mit einem roten Halstuch, zwei Kinder, eines davon mit Zahnspange und einer Schultüte, ein Mann, der Ähnlichkeit mit dem hat, der uns die Tür geöffnet hat. Auf der Marmorplatte über dem Heizkörper stehen kleine Porzellanfiguren, der

Inbegriff des Kitschs und des schlechten Geschmacks. Über der Zimmertür, die offenbar zum Wohnzimmer führt, hängt eine hölzerne Spruchtafel. In Frakturschrift steht darauf: »Gott, segne dieses Haus und alle, die hier geh'n ein und aus.«

»Es tut uns leid, daß wir uns verspätet haben«, sagt Steffi und reißt mich damit aus meinen Gedanken. »Unser Navi hat uns im Stich gelassen, und wir haben es nicht gleich gefunden.«

»Ja«, sagt der Mann und dreht sich dabei um, »es ist etwas versteckt hier. Aber schön, daß Sie es geschafft haben, vor allem bei diesem Wetter!«

»Ist außer uns noch jemand da?«, frage ich und ziehe den Reißverschluß meiner Wildlederjacke auf.

»Nicht mehr, nein«, antwortet der Mann. »Vorhin waren ein paar Leute hier, aber außer ein paar Kleinigkeiten haben sie nichts gekauft. Haben Sie an etwas Bestimmtem Interesse?«

»Haushaltsgeräte vielleicht, wenn noch welche da sind. Wir können ein vernünftiges Bügeleisen gebrauchen. Und einen Wäschetrockner«, sagt Steffi. Sie fährt sich mit der Hand durch die nassen Haare und reibt sie an ihrer Jacke ab. »Unserer hat im Sommer den Geist aufgegeben, aber wir haben kaum Platz, um Wäsche zum Trocknen aufzuhängen.«

»Ein Wäschetrockner ist im Keller. Soweit ich weiß, ist er auch erst zwei, drei Jahre alt, war aber nur selten in Gebrauch. Meine Mutter hat sich ja in den letzten Jahren gar nicht mehr um die Wäsche gekümmert. Das hat alles die Pflege gemacht. Trotzdem blieb noch genug Arbeit an mir hängen, das können Sie mir glauben.«

Der Mann geht voran ins Wohnzimmer, das noch gruseliger aussieht als der Flur: Noch mehr Fotos von mir fremden Leuten, noch mehr Kitsch, mehr Häkeldeckchen, eine furchtbar spießige beige-braune Couchgarnitur und eine Eiche-Schrankwand, die aussieht, als wäre sie so alt wie ich. Es war wohl ein Fehler, hierher zu kommen. Wäschetrockner und Bügeleisen werden das einzige sein, das es hier zu holen gibt. Der Rest ist ein Fall für den Container, und ich hoffe, daß Steffi nicht auf die Schnapsidee kommt, diesen ganzen Plunder, der hier herumsteht, auch nur anzufassen. Vielleicht ist aus dem Keller oder der Küche noch etwas zu gebrauchen. Alufolie zum Beispiel, wir haben nämlich keine mehr, und Steffi hat vergessen, welche vom Einkaufen mitzubringen. Andererseits möchte ich ungern nur wegen einer Rolle Alufolie hierhergekommen sein. Schon gar nicht bei diesem Mistwetter da draußen. Ich wünsche mir, daß sich der Aufwand lohnt und lasse meinen Blick weiter durch dieses Gruselkabinett streifen in der Hoffnung, doch noch etwas zu entdecken, das sich gebrauchen läßt. Aber es wundert mich nicht, wenn die Leute, die vor uns hier waren, mit fast leeren Händen wieder gegangen sind.

»Wissen Sie ...«, setzt Herr Feichtner an und läßt sich in den Sessel fallen, »ich habe schon lange damit gerechnet, das können Sie mir glauben. Aber bitte, setzen Sie sich doch.« Er deutet mit der ausgestreckten Hand auf das Sofa. Ich habe nicht vor, länger hier zu bleiben als es unbedingt sein muß, will aber nicht unhöflich sein. Um etwas Brauchbares mitnehmen zu können, wird der Preis wohl sein, sich das Gerede dieses Spießers anzuhören, zu nicken, ab und zu »ja, ja, mmmhmmm, ja, ja, schon« zu sagen und Verständnis vorzutäuschen. Steffi wirft mir einen Blick zu, der zu sagen scheint, daß sie denselben Gedanken hat. Wir setzen uns, etwas widerwillig, aber tun es, um es hinter uns zu kriegen.
»Meine Mutter war siebenundachtzig. Dann ist auch irgendwann mal gut«, sagt der Mann. »Die letzten Jahre waren verdammt anstrengend, das können Sie mir glauben! Haben Sie auch pflegebedürftige Eltern?«

»Unsere Eltern sind etwas jünger«, sage ich. »Wir beide hoffen, daß uns das noch eine Weile erspart bleibt.«
»Man kann sich's nicht aussuchen. Dafür habe ich jetzt die ganze Arbeit mit dem Nachlaß an der Backe«, sagt der Mann und runzelt die Stirn. In seinem Blick steht etwas Wehmütiges, und für einen kurzen Moment habe ich Mitleid mit ihm. »Waren Sie das einzige Kind ihrer Mutter?« Ich frage das nicht, weil es mich interessiert, sondern nur, um etwas Menschlichkeit vorzuheucheln und nicht als kaltherzig dazustehen. Es ist schon ein unangenehmes Gefühl, bei fremden Leuten zu Hause zu sein und ihr Haus auszuweiden. Immerhin hat in diesem Haus ein Mensch gelebt, eine alte Frau, der all das hier, was ich so häßlich finde, etwas bedeutet hat. Mir wird meine eigene Vergänglichkeit bewußt, und der Gedanke daran, daß auch in unsere Wohnung später mal fremde Leute kommen und nach Bügeleisen oder Wäschetrocknern fragen oder nach etwas, das sich zu Geld machen läßt, macht mir angst. Klar wissen wir beide, daß es irgendwann dazu kommen wird und unsere Kinder vielleicht auch so etwas wie eine Haushaltsauflösung organisieren, aber schön ist der Gedanke nicht. Selbst, wenn ich unseren Besuch in diesem Haus nüchtern für ein Geschäft halte, wird mir bei der Betrachtung all dieser Gegenstände klar, daß die, die hier viele Jahre gelebt hat, nicht mehr zurückkommt. Für einen Augenblick kommt mir das, was Steffi und ich hier tun, unethisch vor.
»Ja, ich bin Einzelkind«, sagt der Mann. »Ich *war* Einzelkind.«
»Und Ihr Vater?«, will Steffi wissen. Sicher geht es ihr so wie mir und sie fragt das nur, um das Gespräch aufrecht zu erhalten, wobei ich mir nicht sicher bin, ob ich das überhaupt will. Eigentlich würde ich lieber die Alufolie, das Bügeleisen und meinetwegen diesen Wäschetrockner ins Auto hieven und verschwinden. Aber Steffi macht mir einen Strich durch die Rechnung.

»Oh je ... Wollen Sie das wirklich wissen?«
Ich hole tief Luft und antworte in Gedanken: »Nein! Das wollen wir nicht! Vergessen Sie, daß meine Frau Ihnen diese Frage gestellt hat«, aber Herr Feichtner kommt mir zuvor: »Den habe ich nie kennengelernt. Ich bin ohne Vater aufgewachsen.«
Wo ist das Fettnäpfchen? Ach, da! Bäämmm! Steffi weicht ein paar Zentimeter zurück und scheint gemerkt zu haben, daß sie nun ein Faß geöffnet hat, das sich so schnell nicht mehr schließen wird. »Bitte verzeihen Sie«, setzt sie etwas verlegen an, und ich erwische mich, wir mir der Satz »Ich hab's dir doch gleich gesagt« in den Sinn kommt.
»Schon okay«, sagt Herr Feichtner und holt tief Luft, als wolle er Anlauf für eine längere Erzählung nehmen. »Das konnten Sie ja nicht wissen. Meine Mutter war mit mir allein. Nicht immer ganz einfach, das können Sie mir glauben. Weder für sie noch für mich. Vor allem nicht für mich. Als einzelnes und uneheliches Kind nur bei der Mutter aufzuwachsen, noch dazu in den Sechzigern und Siebzigern, das war schon hart. Wir hatten ja nicht viel.«
Oh, mein Gott! Opa erzählt vom Krieg! So kommt es mir vor, obwohl dieser Kerl höchstens zwanzig Jahre älter ist als ich. Er kann den Krieg also unmöglich miterlebt haben. Wenn seine Mutter mit siebenundachtzig gestorben ist, dann ist er ... siebenundachtzig minus fünfundzwanzig ... zwei ... sechs ... zweiundsechzig. So alt ist er aber nicht. Etwas jünger. Ende fünfzig vielleicht. Gut, dann ist er etwa fünfzehn Jahre älter als Steffi und ich. Und Beamter. Auf jeden Fall Beamter.
»War Ihre Mutter berufstätig?«, frage ich.
»Natürlich. Sie hat bei Backes gearbeitet. War jahrelang im Vertrieb. Aber Backes hat irgendwann zugemacht, und dann war sie bis Mitte der Neunziger bei einer Spedition im Büro. Alles nicht so einfach, das können ...« – »... Sie

mir glauben«, füge ich im Stillen an, und schon sagt Herr Feichtner: »... Sie mir glauben.«

Steffi und ich tauschen Blicke. Ich will hier weg.
Steffi räuspert sich und sieht unseren Gastgeber wieder an. »Feichtner. Das klingt nicht wie ein Name von hier«, sagt sie.
»Ist auch nicht von hier. Meine Mutter war ursprünglich aus Unterheldenberg. Das liegt in der Nähe von Landshut, tiefstes Niederbayern«, sagt er und scheint damit unsere offenbar fragenden Blicke abzufangen. »Aber sie ist hierher gekommen, als ich unterwegs war. Zu der Zeit hatte eine Schwangere ohne Mann und mit unehelichem Kind auf dem Land in Bayern nichts zu lachen. Das können Sie mir glauben!«
Mann, ist mir das peinlich! Ich will das gar nicht wissen. Ich will kein Geheule von Leuten, die ich nicht kenne über ein Leben, mit dem ich nichts zu tun habe. Ich will bitte nur dieses Bügeleisen und dann nichts wie raus hier. Steffi kann vieles, aber Gedanken lesen kann sie leider nicht. Mit dem linken Arm stoße ich sie vorsichtig an und hoffe, daß sie mich inzwischen gut genug kennt, um zu wissen, daß das ein Signal sein soll. Erschrocken dreht sie sich zu mir um. »Ist was?«, fragt sie mich knapp.
Mit bleibt nur die Körpersprache und die Hoffnung, daß sie sie versteht, aber der Feichtner nicht. »Wollten wir nicht nach dem Bügeleisen sehen?«
»Ja, richtig. Herr Feichtner, wenn Sie so freundlich wären ...«, sagt Steffi und scheint begriffen zu haben, was in meinem Kopf vorgeht. Dummerweise macht Herr Feichtner überhaupt keine Anstalten, sich von diesem Einwurf beeindrucken zu lassen. »Meine Mutter hat nie viel von früher erzählt. Nur, daß ihre eigenen Eltern im Krieg geblieben sind und sie ihre Heimat kurz vor Weihnachten ’59 fluchtartig in Richtung Saarbrücken verlassen hat, als sie mit mir schwanger war. Warum sie

sich ausgerechnet das Saarland ausgesucht hat, kann ich Ihnen nicht sagen. Wahrscheinlich, weil man mit Frauen wie sie eine war hier etwas liberaler umgegangen ist als im ländlichen Bayern.«
Ich rechne kurz nach und sehe meine erste Vermutung bestätigt: Wenn er 1960 zur Welt kam, ist er jetzt achtundfünfzig. Richtig gelegen. »Sie wohnen aber nicht in diesem Haus, oder?«, frage ich, um auch mal wieder etwas zu sagen und nicht den Eindruck zu erwecken, unhöflich zu sein. Obwohl mich die Antwort nicht im geringsten interessiert.
»Nein, meine Frau und ich wohnen schon seit Jahren in St. Ingbert, also quasi nebenan. Aber aufgewachsen und zur Schule gegangen bin ich hier in Saarbrücken. Ich kenne nichts anderes und fühle mich hier auch ganz wohl, das können Sie mir glauben.«
»Das kann ich gut verstehen«, sage ich und stehe auf. Beamter, auf jeden Fall. Wenn jemand »quasi« sagt, dann kann er nur ein Bürokrat sein. Kein normaler Mensch sagt »quasi«. Oder wiederholt ständig dieselbe Floskel, ohne es zu merken. »Verzeihen Sie, Herr Feichtner, wenn es Ihnen recht ist, würden wir uns noch etwas umsehen. Das Bügeleisen, nach dem meine Frau gefragt hat. Ist das hier?«
Feichtner macht keine Anstalten, seinen Sessel zu verlassen. Wie ein frustrierter alter Mann hebt er den Arm und deutet auf die Tür, durch die wir gekommen sind. »In der Abstellkammer. Schauen Sie sich in Ruhe alles an, und gehen Sie auch in alle Zimmer. Wenn Sie etwas finden, das Sie haben möchten, sagen Sie einfach Bescheid. Alles, was Sie sehen, steht zum Verkauf.«
Steffi und ich stehen auf und gehen zurück in den Eingangsbereich des Reihenhauses. »Wir nehmen das Bügeleisen, damit wir nicht ganz mit leeren Händen gehen, und dann laß uns verschwinden«, flüstere ich.

Dabei werfe ich der Wohnzimmertür einen prüfenden Blick zu, aber Feichtner kommt nicht.
Steffi nickt. »Ist gut«, sagt sie leise.
»Ich habe keine Lust auf diese alten Geschichten. Das geht uns doch nichts an.« Ich will verhindern, daß Steffi Wurzeln schlägt, aber ich weiß um ihre Schwäche für Leute, die andere als Spinner abtun.

Wir trennen uns. Während sich Steffi auf die Suche nach der Abstellkammer macht, öffne ich die Tür zur Küche. Typische Neunziger-Jahre-Einrichtung: alles in Weiß, schlicht und entweder sehr gepflegt oder kaum benutzt. In den Schränken lagern jede Menge Töpfe mit Blümchen-Dekor, alte Tupperdosen, in die Jahre gekommenes Besteck und die üblichen Sachen. Alles uninteressant. Und keine Alufolie. Nur eine Rolle Bratenschlauch, aber wer braucht den schon?

»Herr Feichtner«, rufe ich in Richtung des Wohnzimmers, »ich würde mal in den Keller gehen und mir den Wäschetrockner ansehen, wenn Sie erlauben!«
»Machen Sie ruhig«, kommt es gelangweilt zurück.
Hinter der Tür unter der Treppe erwartet mich Dunkelheit. Mein Knopfdruck auf den Lichtschalter läßt die Kellertreppe in schummerigem Licht erscheinen. Die kühle dünne Luft schlägt mir entgegen. Auf den Stufen der Treppe steht jede Menge Zeug herum: Waschmittel, eine Packung Tapetenkleister, ein Putzeimer und allerlei anderes Gerümpel, das in unserem Keller einen Platz im Regal hätte. Niemals würde Steffi es zulassen, daß die Kellertreppe als Ablageort für irgendwelchen Krimskrams zweckentfremdet würde.

Die Waschküche ist schnell ausgemacht. Tatsächlich befindet sich neben der Waschmaschine ein Wäschetrockner. Ein Markengerät in gutem Zustand. Mieft nicht, ist nicht versifft, und auch hinter den Gummidichtungen sind keine Stockflecken zu sehen. Feichtner hatte recht: Er kann nicht oft benutzt worden sein. Wenn es stimmt und er tatsächlich erst zwei oder drei Jahre alt ist, würde ich hundert Euro vorschlagen und bis zweihundert hochgehen. Obwohl er wahrscheinlich dreihundert wert ist und man ihn für vierhundert verkaufen könnte, wenn man es geschickt macht.

Bei meinem Streifzug durch die Kellerräume komme ich an einem Vorratsregal vorbei. Einige Marmeladengläser reihen sich darin. Auf einem steht in altdeutscher Oma-Handschrift: »Erdbeer Juni 2005«, auf einem anderen »Brombeer Aug. '98«. Zwanzig Jahre alte Marmelade – mutig, sich die noch aufs Brot zu schmieren. »Die Kriegsgeneration«, murmele ich. »Die haben alles gebunkert. Morgen gibt's ja nix mehr.« In einer angerosteten Keksdose liegen bestimmt zehn originalverpackte Päckchen mit Streichholzschachteln. Wer, bitte, kauft hundert Schachteln Streichhölzer? Mir fehlt das Verständnis dafür. Dabei sind es noch nicht einmal »Welthölzer«. Die hätten wenigstens noch Kult-Charakter und einen Wiederverkaufswert. Aber diese hier sind auf der Rückseite mit »Hergestellt für Netto Marken-Discount« beschriftet, womit sie sich gleich von selbst disqualifiziert haben. Ich schiebe die Dose zurück und gehe nach nebenan in einen Raum, der mit allerlei Krempel zugestellt ist. Kartons, Plastikkisten, Gartenmöbel. Zwischen zusammengefalteten Umzugskartons, die an der Wand lehnen, lugt etwas Hölzernes hervor. Ich ziehe die Kartons zur Seite, um den Blick auf das Holz freizulegen, kann aber nicht erkennen, was es ist. Mit beiden Händen zerre ich an den Latten und sehe die dicken Staubflusen darauf. Das Holz schrammt über den Steinfußboden und zwingt mich, es anzuheben. Es kostet mich Kraft, es zu packen und nach vorne zu heben und scheint größer zu sein als ich dachte. Schließlich habe ich das Konstrukt aus Holzlatten und Scharnieren hervorgeschafft, in den Flur gezerrt und aufgestellt. Vor mir steht eine mächtige alte Atelier-Staffelei. Wahnsinn! Als hätte das Schicksal gewußt, daß ich genau so etwas schon lange suche. Endlich kann ich meine eigenen Leinwände vernünftig aufstellen und muß nicht mehr mit der Blechtafel improvisieren, die bislang herhalten mußte. Ich bin begeistert. Die Staffelei sieht phantastisch aus! Erkennbar alt und mit jeder Menge Staub und einigen Farbspritzern besudelt, aber sie ist riesig und beeindruckt mich sehr. Ich gehe um sie herum, betrachte sie von allen Seiten und habe mich sofort in sie verliebt. An ihrer Oberseite befindet sich eine kleine von Flugrost übersäte Messingplatte mit der Aufschrift: »Atelier Sebo, Esch/Alzette, Lëtzeburg«. Ihren Glanz hat die Platte zwar verloren, aber vielleicht kann man sie polieren. Eine der Halterungsklemmen ist etwas verschoben und muß wahrscheinlich erneuert werden, aber abgesehen von ihrem Alter macht die Staffelei einen guten Eindruck. Steffi wird zwar dicke Backen machen und mir nicht gerade vor Freude um den Hals fallen, aber damit muß ich leben. Und sie mit der Staffelei.

»Herr Feichtner?«, rufe ich nach oben, während ich die Kellertreppe heraufstolpere, aber in der Mitte stehenbleibe. »Herr Feichtner! Ich brauche Sie mal hier unten.«
Anstelle von ihm erscheint die Silhouette von Steffi am oberen Ende der Treppe. Sie hält etwas in der Hand, das ich auf die Schnelle nicht erkennen kann, aber es hängt ein Kabel daran. »Ist der Wäschetrockner okay?«, fragt sie.
»Ich habe was viel Besseres gefunden.«
Noch ehe Steffi weitere Fragen stellen kann, steht Feichtner neben ihr. »Nehmen Sie den Trockner?«, kommt es von ihm.

»Ich war so frei, mich ein wenig umzusehen und habe etwas entdeckt, das ich gerne haben würde«, erkläre ich und mache mich auf den Weg zurück in das Kellergewölbe, damit er mir folgt. Was er auch sofort tut. Steffi kommt hinterher.

»Das hier«, sage ich und zeige mit beiden Händen auf die aufgestellte Staffelei im Kellerflur.
Steffi reißt die Augen auf. Sie ahnt wohl, was auf sie zukommt, aber da muß sie durch.
Feichtner runzelt die Stirn und fährt sich mit der linken Hand durch die grauen Haare. »Ach, du lieber Gott«, stöhnt er. »Wo haben Sie die denn gefunden?«
»In der Kammer da drüben. Lag zusammengeklappt unter einem Stapel Umzugskartons.«
Feichter macht zwei Schritte auf mich und die Staffelei zu, begutachtet sie knapp und sagt nur: »Annemarie hat früher mal gemalt. Als ich noch klein war. Ich kann mich noch erinnern, daß sie oft stundenlang gemalt hat, ganze Wochenenden durch. Ich wußte gar nicht, daß dieses alte Ding noch da ist. Die hat sie mal aus einer Atelier-Auflösung. Ich glaube, die kommt aus Luxemburg.«
Steffi und ich tauschen kurze Blicke. Tatsächlich hält sie ein Bügeleisen in der Hand. Wenigstens etwas.
Feichtner betritt den Kellerraum, aus dem ich die Staffelei hervorgeholt habe. Als sei dies alles auch für ihn etwas Neues, beginnt er, sich darin umzusehen.
»Was willst du denn mit dem alten Ding?«, fragt Steffi leise.
»Das fragst du noch?«
»Roland, bitte. Wir haben wirklich genug Zeug. Wo soll das denn stehen?«
»Da, wo jetzt diese dämliche alte Präsentationstafel steht. Bei mir im Arbeitszimmer natürlich. Ich will endlich eine vernünftige Staffelei haben. Du wirst damit nichts zu tun haben, das verspreche ich dir.« Ich komme mir vor wie

ein Fünfjähriger, der seine Mutter überredet, ihn bei seinem Freund übernachten zu lassen. Ein Junge braucht eben seine Spielsachen. Steffi kennt meine und mein Arbeitszimmer, das von Farben, Pinseln, Leinwänden und allerlei Malerei-Accessoires überquillt. Ich weiß selbst, daß es dort jetzt schon zu eng ist und für eine Staffelei dieser Größe kaum Platz ist, aber sie scheint mir besonders zu sein, und ich will sie haben.

Während Feichtner noch immer in dem Keller herumgeht, jede Menge Kartons hervorzieht und reinschaut, lasse ich meine Hand über das antike Holz der Staffelei gleiten. Es fühlt sich wunderbar an. Etwas rauh zwar, und vielleicht würde ich sie abschleifen müssen, aber sie ist von hervorragender Qualität und sehr stabil. Die untere Verstrebung ist doppelt ausgeführt. Auf der Rückseite ist eine zusätzliche Querlatte angebracht, die deutlich jüngeren Datums sein muß als der Rest. Vielleicht eine Reparatur oder Verstärkung für ein besonders schweres Bild, das einmal darauf gemalt worden ist.

»Hier sind noch Bilder«, ruft Feichtner aus dem Keller. Er hat sich über eine Kiste gebeugt, seine Arme verschwinden darin. »Anni hat unheimlich viel gemalt, aber das meiste nie aufgehängt«, erklärt er. »Einige davon hat sie verkauft. Aber aus ihr ist leider nie eine berühmte Malerin geworden. Schade, denn dann wäre vieles anders gelaufen. Das können Sie mir glauben!«

Ich kann's nicht mehr hören. Steffi sieht mich mahnend an, aber sie ahnt wohl, daß sie keine Chance hat. Wir werden nicht ohne diese Staffelei nach Hause fahren. Und das bitte möglichst schnell. Wenn ich heute abend noch einmal »Das können Sie mir glauben« höre, dann platze ich.

»Was für Bilder?«, frage ich und betrete den Kellerraum. Feichtner zieht eines hervor und hält es gegen das Licht. Ich kann das Motiv nicht erkennen. Noch bevor ich

etwas sagen kann, steckt er es zurück in die Kiste. »Die Rahmen sind vielleicht noch was«, sagt er knapp und richtet sich wieder auf. »Nehmen Sie die Bilder dazu.«
Damit habe ich nicht gerechnet. »Es geht mir nur um die Staffelei«, erkläre ich und hoffe, daß mir alles andere erspart bleibt.
»Die Staffelei zusammen mit den Bildern.«
Ich hole tief Luft. »Die Staffelei allein. Was wollen Sie dafür noch haben?« Natürlich spekuliere ich darauf, daß er sie mir schenkt, denn offenbar hat sie jahrzehntelang im Keller gelegen ohne, daß er überhaupt davon wußte.
Feichtner verzieht nachdenklich die Mundwinkel. »Nur zusammen mit den Bildern. Die Rahmen können Sie ja nochmal nehmen oder verkaufen. Wenn Ihnen die Bilder nicht gefallen, werfen Sie sie halt weg. Ich brauche die nicht mehr.«
»Das war nicht die Antwort auf meine Frage. Was wollen Sie für die Staffelei haben?«
»Zwanzig Euro. Aber nur, wenn Sie die Kiste mit den Bildern dazunehmen.«
Ich drehe mich zu Steffi um und sehe ihr die Ablehnung an. Ich brauche sie gar nicht erst nach ihrer Meinung zu fragen, denn die steht ihr ins Gesicht geschrieben. Trotzdem: Ich will diese Staffelei haben, und wenn ich dafür eben auch die Bilder nehmen muß, meine Güte, dann nehme ich sie halt. Zum Recyclinghof bin ich schnell gefahren.
»Also gut«, sage ich, »kürzen wir es ab an dieser Stelle. Die Staffelei und meinetwegen die Kiste mit den Bildern. Zwanzig Euro. Was ist mit dem Bügeleisen?«
»Zehn.«
Steffi beugt sich vor. »Und der Wäschetrockner?«
»Der ist morgen bestimmt auch noch da. Beides kriegen wir sowieso nicht ins Auto«, erkläre ich. Damit dürfte wohl klar sein, was von beidem wir mitnehmen und was erstmal hierbleiben muß. Meine Priorität liegt eindeutig

auf der Staffelei. »Außerdem regnet es draußen in Strömen, und ich habe keine Lust, bei dem Wetter einen Wäschetrockner ist Auto zu schleppen. Wir können den Trockner ja die Tage irgendwann abholen, wenn Herr Feichtner so freundlich ist und ihn für uns zurückbehält.«

»Von mir aus«, sagt Feichtner gleichgültig und kommt mit der Bilderkiste zu uns auf den Gang. »Steht hier. Kommen Sie vorbei, holen Sie ihn ab. Ich habe die Entrümpelungsfirma für Ende November bestellt. Was bis dahin noch da ist, können Sie haben, der Rest verschwindet. Aber schön, daß Sie die Staffelei gefunden haben. Die wäre sonst garantiert mit weggekommen.«

»Das ist anzunehmen«, erwidere ich und ziehe meine Brieftasche hervor. »Also dreißig«, sage ich und reiche Feichtner einen roten und einen blauen Schein.

Steffi sieht alles andere als begeistert aus. Ich kann es ihr nicht verübeln. Ich habe etwas zum Spielen gefunden, sie ein Bügeleisen. Ungerechte Aufteilung. Das tut mir ein bißchen leid, aber das war ja nicht geplant. Hätten wir hier ein phantastisches Mountainbike mit allem drum und dran gefunden, wäre das Bügeleisen sicherlich auch hiergeblieben.

»Eine Frage habe ich noch, wenn Sie erlauben«, setze ich an.

»Bitte?«, sagt Feichtner.

»Nur aus Interesse: Darf ich Sie fragen, was Sie beruflich machen?«

Aus dem Augenwinkel heraus erkenne ich, wie Steffi mir einen genervten Blick zuwirft. Sie kennt diese Macke.

»Ich bin technischer Zeichner. Selbständig. Ich nehme an, das Talent dazu habe ich von meiner Mutter geerbt. Wieso wollen Sie das wissen?«

Zack! Sofort wandern Steffis Mundwinkel triumphierend nach oben, als ahnte sie, daß ich komplett danebengelegen habe und dies nun meine Strafe sein würde als

Ausgleich dafür, daß ich dieses Holzgestell mit nach Hause schleppe.
»Ach«, setze ich an und will so schnell wie möglich hier raus, »genau das hatte ich auch vermutet.«
»Wirklich?«, fragt Feichtner überrascht.
»Wirklich. Wir müssen jetzt den Heimweg antreten.« Von Sekunde zu Sekunde fühle ich mich unwohler.

Feichtner trägt die Kiste mit den Bildern, ich die Staffelei, Steffi das Bügeleisen. Wir machen uns auf den Weg nach draußen in den Regen, packen alles ins Auto und verabschieden uns knapp.

* * *

Am Wochenende danach finde ich endlich Zeit, mir die Staffelei in Ruhe anzusehen. Ich habe sie in unsere Garage gestellt und mir die Schleifmaschine schon zur Seite gelegt. Wahrscheinlich werde ich das ein oder andere Scharnier und den Mechanismus zur Höhenverstellung erneuern müssen. Abgesehen von den Altersschwächen ist es eine hochwertige Staffelei in einem sehr guten Zustand. Sie aus den Händen einer talentierten, wenn auch erfolglosen Malerin zu wissen, wertet sie zusätzlich auf.

Die Kiste mit den Bildern steht daneben. Ich ziehe eines nach dem anderen heraus und muß staunen. Sie sind, soweit ich das beurteilen kann, verdammt gut gemalt. Es sind Personen, Portraits, gepaart mit Landschaften und abstrakten Elementen, die ich keinem Stil eindeutig zuordnen kann. Einige würde ich dem Expressionismus zuschreiben, andere klar dem Realismus. Sie unterscheiden sich in ihrer Technik und weisen keine Stringenz auf. Neben Bleistiftzeichnungen finde ich Ölgemälde und staune über die leuchtenden Farben.

Wenn die alte Feichtner sie in den Fünfzigern und Sechzigern gemalt hat, haben sie zweifelsohne einige Jahre auf dem Buckel, was man ihnen nicht ansieht. Abgesehen von den schmutzigen Rahmen, von denen sich kein einziger verkaufen läßt. Die sind, entgegen Feichtners Vermutung, wirklich nur noch etwas für den Sperrmüll.

Eines der Bilder zeigt das Portrait einer Frau, die aussieht, wie feine Damen in den zwanziger Jahren ausgesehen haben: elegant mit einem ausladenden Hut, weißem Pelzkragen, Zigarette mit Verlängerung, lange lackierte Fingernägel und ein Blick, der unmißverständlich zum Tête-a-tête einlädt. Mittig unten steht in verschnörkelter Schreibschrift: »La grande dame Eleonore Zeisel, Ball in der Oper zu München, September 1923«. Ein beeindruckendes Bild, das die alte Feichtner aber offensichtlich wesentlich später gemalt haben muß, wenn sie in diesem Jahr mit siebenundachtzig gestorben ist. Dann muß sie selbst Jahrgang einunddreißig gewesen sein.

Auf dem nächsten Bild ist eine karge langweilige Landschaft zu sehen, die ich spontan der Pfalz zuordnen würde. Ich stecke es zurück und ziehe eine Bleistiftzeichnung hervor, die in einem schlichten Holzrahmen eingefaßt ist. Das laszive Lächeln eines jungen Geigenspielers schaut mich an. Er trägt einen Strohhut, hält seine Geige, als spielte er gerade darauf und sieht direkt in die Augen des Betrachters. In meine Augen. Mir ist, als hörte ich ihn spielen. Jedes Detail ist sorgfältig ausgeführt: die Finger seiner linken Hand, mit denen er die Saiten greift, der Bogen, der sanft auf ihnen ruht, der Hut, an dem jede Flechte des Strohs zu erkennen ist, der schmale Oberlippenbart, die großen herausfordernden Augen. Rechts unten in der Ecke steht handschriftlich: »Willi, Juni 1959«.

Für einen Moment lang fühle ich mich zurück in das Reihenhaus der alten Frau versetzt. In ihren Flur, in dem

Fotos von Leuten hingen, die mir fremd waren und nicht zu mir gehörten. So geht es mir nun mit diesen Bildern. Mir geht die etwas seltsame Unterhaltung mit ihrem Sohn nicht aus dem Kopf. Was er erzählt hat. Von sich und seiner Mutter und ihrem Schicksal. Da führt man selbst sein Leben und macht und tut alles, wie man es für richtig hält, und irgendwann stirbt man. Die, die dann nach einem kommen, können mit dem, für das man selbst gekämpft hat, nichts mehr anfangen, denn sie leben ihr eigenes Leben zu einer anderen Zeit. Was mir nun davon bleibt, sind diese Staffelei und eine Kiste mit Bildern, die für mich absolut keinen Wert haben. Eigentlich ist es schade um sie, aber andererseits will ich auch keine Bilder aufhängen, die Leute zeigen, die ich nicht kenne. Steffi würde mir wahrscheinlich den Kopf abreißen, wenn ich auch noch erwarten würde, daß wir das Wohnzimmer mit alten Annemarie Feichtner-Gemälden vollhängen. Und so umwerfend schön finde ich sie nun auch wieder nicht, daß ich extra dafür Platz an unseren Wänden opfern würde.

Ich schiebe die Kiste mit den Bildern in eine hintere Ecke in der Garage und beginne mit der näheren Betrachtung der Staffelei. Dabei fällt mir wieder die ausgebesserte Querverstrebung an der Unterseite auf. Sie ist mit Flügelmuttern befestigt. Noch ehe ich daran herumschrauben kann, kommt Steffi zu mir in die Garage. Sie hat sich einen dicken Wollpullover angezogen und die Arme um ihren Oberkörper geschlungen. »Na, kommst du voran?«, fragt sie.
»Ich habe noch nicht angefangen. Die Bilder sind ganz schön.«
»Bestimmt nicht so schön wie deine.«
Das schmeichelt mir zwar, ist aber nicht ganz fair. Immerhin hat Steffi keines der Bilder der alten Feichtner gesehen. »Vor allem sind sie kleiner. Und unterschiedlich

gemalt und gezeichnet. Aber schon gut, da kann man nichts gegen sagen. Halt anders als meine. Das hier finde ich interessant«, sage ich, gehe auf die Kiste zu und ziehe das Bild des Geigers heraus. »Eine Radierung. Sehr diffiziles Motiv, aber man sieht jede Kleinigkeit.«

Steffi bleibt, wo sie ist. »Mmh«, macht sie, »ja, schön.«

»Du guckst ja gar nicht richtig«, maule ich und stecke das Bild zurück.

»Roland, mach, was du willst. Nur, damit eine Sache ganz klar ist: Keines von den Dingern kommt zu uns ins Haus. Du hast sie dir aufschwätzen lassen, also sieh auch zu, wie du sie los wirst.«

Steffis Haltung überrascht mich kein Stück. Genau das hatte ich erwartet, aber ich habe nicht vor, auch nur den Versuch zu unternehmen, sie zum Gegenteil zu überreden. Ich habe schon Grund zur Dankbarkeit, weil sie entgegen aller Vernunft nicht wirklich etwas gegen die Staffelei hatte. Und um die geht es mir ja.

»Hilf mir mal«, bitte ich Steffi und packe die Staffelei an der Seite. »Wir legen sie mal hierhin.«

Steffi greift sich die andere Seite und scheint über das Gewicht zu staunen. Ja, sie ist schwerer als sie aussieht. »Was schätzt du, wie alt sie ist?«

Ich überlege kurz. »Schwer zu sagen. Ungefähr hundert Jahre.«

Steffi zieht erstaunt die Augenbrauen hoch. »So alt?«

»Vielleicht auch neunzig, aber ich tippe grob auf etwas später als Jahrhundertwende. Zehner, allerhöchstens zwanziger Jahre. Hier unten wurde mal was ausgebessert, siehst du?« Ich deute auf die Querlatte, die sich farblich deutlich vom Rest des Holzes abhebt. Mit beiden Händen greife ich nach den Flügelmuttern auf den Seiten, aber sie bewegen sich kein Stück. Zu alt, zu verrostet. »Gib mir doch mal die Dose mit dem Kriechöl«, bitte ich Steffi

und nicke mit dem Kopf in Richtung des alten Küchenhängeschranks an der hinteren Wand der Garage.
Steffi reicht mir die Dose, und schon kurz darauf lassen sich beide Schrauben tatsächlich lösen. Etwas schwierig zwar, aber es geht. Die Latte ist über die Jahre so fest an das Gestänge angepreßt, daß sie nicht von selbst herunterfällt. Erst, als Steffi und ich daran rütteln, gibt sie langsam nach. Wir packen sie mit beiden Händen, wackeln an ihr herum, und als wir sie in der Hand haben, fällt ein zusammengefalteter Zettel auf den Boden.
Steffi und ich sehen uns erst gegenseitig, dann den herausgefallenen Zettel an. »Da liegt was«, stelle ich fest und mache mir im selben Moment die Überflüssigkeit dieser Bemerkung bewußt. Wir legen die Latte zur Seite, und ich greife nach dem Papier, das zwischen den beiden Verstrebungen eingeschlossen war. Es ist rauh und vergilbt und durch den Druck der beiden Leisten so feste zusammengepreßt, daß ich es erst kaum auseinanderbekomme. Steffi beugt sich neugierig herüber. »Was ist das?«, fragt sie.
»Keine Ahnung. Das hat zwischen den beiden Leisten geklemmt.« Vorsichtig falte ich den Zettel auseinander und erkenne etwas Handgeschriebenes. »Sieht aus wie ein Brief. Das ist Sütterlin-Schrift«, stelle ich fest.
»Kannst du das lesen?«
»Schlecht.« Vorder- und Rückseite sind sehr eng beschrieben, die Lettern klein und durch das Alter etwas ausgeblichen. Ich betrachte den Brief von allen Seiten und versuche, mich an die Handschrift zu gewöhnen und die ersten Buchstaben und Wörter zu entziffern. Nach einigen Anläufen gelingt es mir, das Gekritzel tatsächlich in Worte zu fassen:

Unterheldenberg, den 22. November 1959

An meinen Engel!

Es fällt mir unsagbar schwer, dir diese Zeilen zu schreiben, dich für immer loszulassen und von dir Abschied zu nehmen. Es bricht mir das Herz. Jedoch ist es mir ein Bedürfnis, dich nicht ganz gehen zu lassen und dir meine Gedanken und Gefühle mit auf den Weg zu geben.

Es gibt Menschen, die dazu gemacht sind, sich hinten anzustellen. Zu solchen zähle ich. Wir haben manches Mal darüber gesprochen. Du weißt um mein schweres Schicksal. Es ist nicht dein Verschulden, daß meine Eltern den Krieg nicht überlebt haben. Auch ist es nicht dein Verschulden, daß die Tuberkulose meinen Mann verschlungen hat. Sein Verlust, noch dazu während meiner Schwangerschaft, hat mich schwer getroffen. Vermutlich war dies auch der Grund für die Fehlgeburt, die ich kurz nach seinem Tod erlitt. Zwei so schwere Verluste in so kurzen Abständen sind Schmerzen, die ich niemandem wünsche. Doch habe ich, wie du weißt, trotz dieser Schicksalsschläge nicht aufgegeben. In der Zeit, als du in mein Leben kamst, war ich sehr glücklich. Du hast mir neuen Lebensmut geschenkt, neue Kraft. Du hast es verstanden, meine Tränen zu trocknen, mich zu trösten und mich zu einer glücklichen Frau zu machen. Wie sehr habe ich unsere gemeinsame Zeit genossen! Unser Wochenende am Echinger Stausee, das Osterfest am Tegernsee und unsere Picknicks, bei denen deine Violine nicht fehlen durfte. Mei, was hast du so schön gespielt! Wie oft habe ich dir zugehört und bin in deinen Melodien versunken! Die Gewißheit, dein wunderschönes Violinenspiel nie wieder hören zu können, reißt mich beinahe entzwei. Ich bin ein Mensch, an dem das Glück stets vorbeigegangen ist. Die gemeinsame Zeit mit dir war die schönste meines Lebens. Ich hätte dich sehr glücklich gemacht und dir deine Wünsche erfüllt. Dabei habe ich dir sogar verziehen, daß du das Bildnis, das ich im Sommer von dir gezeichnet habe, nie haben wolltest. Wo ich mir doch so viel Mühe gegeben habe. Aber auch diese Enttäuschung habe ich heruntergeschluckt, ohne auch nur ein Wort darüber zu verlieren.

Inzwischen ist mir klargeworden, daß du auch mich nicht mehr willst. Als erst deine Violine und kurz darauf mehr und mehr Dinge von dir aus meiner Wohnung verschwunden sind, da wußte ich, daß du nicht wiederkommen würdest und ich deine hinreißende Violine nie mehr hören würde. Mein neuerlicher Besuch bei dir war ein Vorwand. Ich wollte noch einmal in deine lieben Augen sehen und dann ganz leise für immer aus deinem Leben gehen.

Eines solltest du noch wissen: Du wirst Vater! Ich wünschte mir, ich hätte es dir anders mitteilen und ein Leuchten in deinen Augen sehen können, aber ich werde damit wohl allein bleiben. Wenn es ein Junge wird, so werde ich ihn nach dir benennen: Wilhelm. So bleibt mir ein Stück von dir auch weiterhin erhalten. Würde ich nicht nun ausgerechnet von dir ein Kind erwarten, würde ich mein Schicksal den Tabletten überlassen, die ich in ausreichender Zahl habe. Doch habe ich nun Verantwortung für unser gemeinsames Kind und hoffe innigst, daß es das Schicksal dieses Mal besser mit mir meint.

Am heutigen Totensonntag werde ich noch einmal an das Grab meines verstorbenen Mannes gehen und meines ersten Kindes gedenken und mich damit auf den Weg in eine neue Heimat machen. Hier hält mich nichts mehr, obwohl sich eine Schwangere ohne Mann besser nirgendwo blicken lassen sollte. Die Vorstellung, an Weihnachten, wenn alle glücklich mit ihren Familien vereint sind, allein zu sein, ist für mich unerträglich. Es scheint, als sei Gott mit seinen harten Prüfungen für mich noch nicht am Ende angelangt. Mein Leiden wird weitergehen, doch bin ich Kummer und Schmerz gewöhnt.

Nur eine Bitte habe ich an dich: Nenne mich in Gedanken noch einmal meine kleine liebe Anni. Spiel etwas für mich auf deiner lieben Violine und vergiß mich nicht. Ich hingegen werde dich nie vergessen. Du wirst immer in meinem Herzen sein.

In ewiger Verbundenheit

deine kleine liebe Anni

Nachwort

In meiner Jugend gab es noch CDs. Ja, okay, ich muß beschwichtigen. Ich sehe schon einige von Ihnen jetzt grinsen oder sogar lachen, weil es in Ihrer Jugend sogar Schallplatten gab. Die gab es bei mir zwar auch, aber sie spielten keine Rolle mehr. CDs kosteten zwischen 20 und 30 Mark (ja, in meiner Jugend wurde noch mit D-Mark bezahlt, ganz so weit weg von der Schallplattengeneration bin ich also nicht) und waren für mich damals sehr teuer. Deshalb überlegte ich mir gut, für welche CDs ich Geld ausgab. Wenn ich das tat und mir eine neue CD gekauft hatte, hörte ich sie ganz bewußt und stöberte dabei im Inlay, also in dem Einlegeheftchen, das vorne in der Hülle steckte. Mich faszinierten Fotos der Bandmitglieder oder von Konzerten, kunstvolle Grafiken, die Song-Texte und natürlich auch, was an zusätzlichen Informationen so darin stand. Manchmal waren die Erträge dünn und ernüchternd (das galt dann meistens auch für die Musik), aber oft auch sehr spannend und interessant, weil man dadurch etwas erfahren konnte, das eben nicht in der nächstschlechtesten Jugendzeitschrift standen. (Gibt es heute sowas überhaupt noch? Jugendzeitschriften? Hoffentlich nicht …) Ich erinnere mich an ein Album von Roxette, in dessen Inlay eine Art Brief an die Fans stand, in dem der Sänger von Auftritten rund um den Globus erzählte. Ich fand das wahnsinnig aufregend. Es ging um das Drumherum, um etwas Persönliches, und das machte Roxette für mich so menschlich, so erfahrbar. Es war eben nicht dieses

»Wir hier oben und ihr da unten«, sondern eher ein »Wir für euch«.

Ich hoffe und wünsche mir, daß mir dasselbe mit diesem Nachwort gelingt. Es ist sozusagen das Inlay dieses Buches, das zwar ohne Fotos auskommt, dafür aber von dem Drumherum berichtet. Jede Kurzgeschichte in diesem Buch hat ihre eigene Geschichte. Manchmal eine überraschende, manchmal eine ganz banale. Aber jede einzelne von ihnen wollte aufgeschrieben werden und hatte ihre eigenen Gründe dafür. Lesen Sie hier, wie es dazu kam, was vorangegangen war und was mich dazu bewogen hat, sie zu schreiben. Aber bitte tun Sie sich und mir einen Gefallen und lesen das hier erst, wenn Sie mit der Geschichte an sich schon durch sind. Es sei denn, Sie wollen sich selbst den Spaß und die Spannung verderben.

Ein todsicherer Plan

Als ich etwa elf Jahre alt war, sah ich zu später Stunde im Fernsehen einen Kurzfilm mit dem Titel »Reusenheben«. Darin ging es um einen Jungen, etwa in meinem damaligen Alter, der die Schule schwänzt. An einem grauen ungemütlichen Vormittag macht er sich auf den Weg an einem abgelegenen See, um dort nach seinen heimlich ausgelegten Reusen zu sehen. Ein Mann kommt auf einem Ruderboot angefahren und will eine eingewickelte Leiche loswerden. Er zwingt den Jungen, ihm dabei zu helfen. Der tut es, aber seine Angst besteht nicht etwa darin, die Beseitigung einer Leiche zu unterstützen, sondern daß herauskommen könnte, daß er die Schule schwänzt, was angesichts der Versenkung der Leiche natürlich geradezu lächerlich erscheint. Die Diskrepanz zwischen der Erwachsenen- und der Kinderwelt und die Unfähigkeit beider, sich in die jeweils andere hineinzuversetzen, war die Inspiration für diese Geschichte. Vielleicht ist Ihnen aufgefallen, daß sie komplett ohne Namen auskommt, was kein Zufall ist. Ort der Handlung ist hier ein düsteres Moor, das ebenfalls so manches Geheimnis der Menschen kennt. Nun kommen noch zwei weitere hinzu. Oder war am Ende doch alles ganz anders …?

Immer hier

Angesichts der politischen Veränderungen in den letzten Jahren ist der Begriff »Heimat« wieder stärker in den Fokus unserer Wahrnehmung gerückt. Was ist Heimat? Wo ist Heimat? Worin unterscheiden sich Heimat von Zuhause? Jeder Mensch definiert beide Begriffe unterschiedlich, viele auch synonym. In diesem Zusammenhang gesellt sich auch das Wort »Integration« wunderbar dazu. Ich schrieb »Immer hier« allerdings, bevor die gesellschaftlichen Veränderungen in Europa so zum Thema geworden sind wie gegen Ende der 2010er Jahre. Offenbar fällt sie aber in eine Zeit, in der die genannten Begriffe und ihre Abgrenzung zueinander an Bedeutung und politischer Brisanz gewinnen.
Meiner Heimat konnte ich nie etwas abgewinnen. Ich bin immer wieder gerne da, aber ich möchte dort nicht mehr dauerhaft sein (obwohl ich heute weiß, daß ich es bald wieder muß, was mich zur Zeit arg belastet). Meine Heimat bleibt meine Heimat, mein Zuhause aber ist woanders. Und doch würde ich nie behaupten, mit meinem Zuhause eine neue Heimat gefunden zu haben, denn nach meiner Definition kann man eine Heimat nur einmal haben, wie man auch nur einmal Eltern haben kann. Diesen Unterschied herauszustellen und die vielen Ansichten, die man von einer Stadt, einem Wohnort, haben kann, war das Ziel dieser Episodengeschichte. Said, der hier alle vier Handlungsstränge miteinander verbindet, denkt in der Konklusion seinerseits über sein Verhältnis zu seinem neuen Zuhause nach und identifiziert sich schlußendlich vollends mit ihr. Ich werte das als eine Liebeserklärung.

Der kleine Bär

Bei aller Phantasie: Es gibt Geschichten, die so skurril sind, daß man sie sich unmöglich ausdenken kann. »Der kleine Bär« ist so eine. Ich ging abends von einer Verabredung zurück zum Parkplatz. Auf dem Weg dorthin kamen mir drei junge Frauen von vielleicht Mitte, Ende 20 entgegen. Als sie auf meiner Höhe waren, sagte eine zur anderen den entscheidenden Satz. Ich mußte sofort lachen, weil dieser Satz so vielsagend und damit auch die ganze Vorgeschichte erzählt war. Ich drehte mich zu ihnen um, sie sich dann auch zu mir und mußten ebenfalls lachen. Ich hatte meiner Bekannten E., selbst Kindergärtnerin, davon erzählt. Die Vorstellung, daß diese Geschichte durchs Weitererzählen bis zu der Stelle weitergetragen werden würde, von der sie gekommen ist, finde ich besonders amüsant. Es erinnert mich ein wenig an das Weitertragen der olympischen Fackel. Dabei geht es weniger um die Träger als vielmehr um das Feuer. Dieses Prinzip, übertragen auf eine Erzählung, ist Zeugnis unserer kommunikativen Fähigkeiten und beschreibt, wie klein unsere Welt ist. Und sie beschreibt die Sorgen, die so manche junge Frau umgibt.

Thora

Ich würde lügen, wenn ich behauptete, daß ich mir die Geschichte um Thora und Aaron von vorne bis hinten ausgedacht hätte. Es ist eine sehr persönliche Geschichte, wahrscheinlich die persönlichste von allen hier.

Ich glaube, daß jeder Mensch im Laufe seines Lebens auf einen anderen Menschen trifft, der ihn so fasziniert wie Thora den Erzähler. Und daß jeder irgendwann einmal unglücklich verliebt ist und an ihm oder ihr für den Rest seines Lebens hängt. Kurzum: Daß es jedem Menschen so geht wie Aaron in »Thora«. Das glaube ich ganz sicher. Jeder von uns trägt eine solche Geschichte mit sich herum, ein Geheimnis, eine Begegnung der besonderen Art.

Man spricht halt nicht darüber, weil es niemanden etwas angeht und man manches lieber für sich behalten will, aber sie begleiten einen ein Leben lang. Wiewohl in der (meiner) Wirklichkeit nicht alles so war, wie Aaron es erlebt und es sich deshalb auch um keine autobiographische Erzählung handelt, so komme ich nicht umhin, zuzugeben, daß es auch in meinem Leben eine Thora gab und noch bis heute gibt. Und obwohl meine Liebe zu ihr längst von anderer Qualität ist als damals, so ist sie immer noch da. Diese Geschichte ist meine Liebeserklärung an das Mädchen, das 1991 in mein Leben trat und das für mich immer unerreichbar war.
Dennoch: Mein Schiff hat vor vielen Jahren abgelegt und fährt schon lange wieder auf offenem Meer.

Sommerferien

Vor Jahren hatte ich mal die Geschichte eines Jugendlichen gelesen, der sich mit einem gleichaltrigen Jungen und einem Mädchen in einer verlassenen Industrieanlage trifft. Zunächst nur, um dort herumzutoben und zu spielen. Aus dem Spiel wurde Ernst, als alle drei dort ihre ersten sexuellen Erfahrungen miteinander gemacht haben. Das Thema ist nicht neu; es gibt zahllose Filme und Romane, in denen es haupt- oder nebensächlich genau darum geht. Wahrscheinlich gibt es deshalb so viele Geschichten dazu, weil jeder von uns in seiner Jugend ähnliche Erfahrungen gemacht hat und sich auch im Erwachsenenalter noch erinnern kann, wie es losging und wer mit wem was angestellt hat. Nur spricht man eben nicht darüber, aber ich wette, daß es Ihnen nicht anders geht als mir oder jedem anderen Menschen da draußen.
Den Ort der Handlung in »Sommerferien« finde ich besonders reizvoll, denn er birgt das Verbotene, das Geheime und das Phantasievolle. Was wäre, wenn in solch einer Anlage etwas Böses lauert? Etwas Übernatürliches, Unerklärliches? Diese Geschichte lebt davon, daß man als

Leser mehr weiß als die handelnden Figuren. Wir wissen, wer der Nächste ist und wie es weitergeht. Und wir wissen auch, daß Nick absolut nichts dagegen tun kann.

Unsere Straße

Ich bin oft umgezogen. Öfter als mir lieb ist, und ich habe es jedes Mal gehaßt. Allerdings bringt auch jeder neue Wohnort neue Geschichten mit sich, die erzählt werden wollen. Ich erinnere mich an einen Bilderbuch-Spießer als Nachbarn, der jeden Freitag mittags um 12 den Rasenmäher über die Gemeinschaftsrasenfläche kreisen ließ. Es war egal, ob der Rasen wirklich eine Rasur nötig hatte oder nicht. Betreten durfte diesen Rasen niemand! Der war nur Zierde, was eine von Herrn Oberspießer exakt in der Mitte des Rasens aufgestellte Modell-Windmühle deutlich illustrierte – der Inbegriff des schlechten Geschmacks. Neben unserem Grundstück befand sich ein Kinderspielplatz. Als ich gerade ein paar Wochen dort wohnte, klingelte Herr Oberspießer bei mir, hielt mir ein Klemmbrett unter die Nase und wollte mich durch eine Unterschrift zu einer Petition gegen den Spielplatz bewegen. Von wegen der Kinderlärm sei ja nicht auszuhalten, und ich sei doch bestimmt derselben Meinung, daß dieser Spielplatz dort entfernt werden müsse. Ich war der Einzige aus dem Haus, der nicht unterschrieb. Sie können sich vorstellen, daß Herr Oberarsch und ich uns seitdem aus dem Weg gegangen waren. Ein verkraftbarer Verlust.
Auch hatte ich einmal einen Arbeitskollegen, der sich selbst für einen trockenen Alkoholiker hielt, aber ich zweifelte an seiner Trockenheit. Den finalen Anstoß zu »Unsere Straße« gab mir das Lied »Neighbourhood« der britischen Gruppe Space. Ich hörte das Lied im Auto und dachte über den Text nach, in dem es um die Doppelleben korrupter Nachbarn ging. Ich kombinierte diese Idee mit meinen Erlebnissen und überlegte, wie biederes

Spießbürgerleben und Unmoral zusammenpassen könnten und stellte fest, daß sie sich ganz ausgezeichnet vertrugen. Seit ich »Unsere Straße« fertig habe, sehe ich die Nachbarn aus meinem Viertel mit anderen Augen, und manchmal wechsele ich sogar die Straßenseite, wenn sie mir entgegenkommen.

Was ich suchte

Ein Versuch, auf nur einer A4-Seite eine vollständige Geschichte zu erzählen, und das möglichst mit Überraschungseffekt. Die drei unterschiedlichen Wahrnehmungsebenen erschließen sich erst am Ende. Ich mag diese Geschichte, weil sie schön in die Vorweihnachtszeit paßt und unaufdringlich das Thema Liebe behandelt. Zudem kann ich mich beim Lesen selbst in jede geschilderte Situation hineinversetzen und »sehe« förmlich die beiden im Buchladen stehen. Leider ist es keine autobiographische Erzählung, aber ich wünsche jedem und jeder Jugendlichen ein solches Erlebnis mit Happy End.

Der diskrete Diener

Bestimmt zwei Stunden saß ich vor dem blinkenden Cursor, mit meinem Lieblingskugelschreiber in der rechten Hand, und dachte über einen Plot für eine neue Geschichte nach. Bis mir die Idee kam, daß mein Lieblingskuli eigentlich die besten Storys erzählen könnte, zumindest einige über mich. Er weiß wohl besser als jeder andere, was ich mit ihm schreibe, was ich einkaufen muß, was es zu essen gibt, was ich noch erledigen muß oder welche Briefe ich mit ihm schon ge- oder unterschrieben habe – natürlich ohne, daß er jemals erfahren würde, was daraus geworden ist. Die Vorstellung, daß der »Stamm-Kugelschreiber« eines Menschen eine ganze Menge zu erzählen hätte, trieb mich dazu, für einen Abend lang selbst Lieblingskuli zu sein und aus dem Nähkästchen zu plaudern.

Kaffeenachmittag

Das Motto, das dieser Gesichte zugrunde lag, lautete Lüge. Die kommt hier gleich zweimal vor: Einmal in der Affäre, die Elisabeth mit Heinrich hatte und einmal in dem Kuchen, den Elisabeth entgegen ihrer anfänglichen Behauptung gar nicht gebacken hat. Die Idee zu dieser Geschichte kam mir durch einen Sketch, den ich vor etwa zwanzig Jahren mal im Fernsehen gesehen und der einen ähnlichen Plot hatte. Als Leser wird man hier bewußt auf die falsche Fährte gelockt, weil man so etwas Banales wie den Kuchen gar nicht weiter beachtet. Nun stellt sich am Ende aber heraus, daß es Elisabeth nur darum ging. Die viel relevantere Information spielt dagegen für sie nur eine untergeordnete Rolle (nämlich die, die der Kuchen einnehmen müßte). Dadurch sind die Wahrheiten vertauscht, was im Ergebnis zu einer komischen Situation führt, die hier dann in Satire gipfelt.

Ihre Höllen

Kann man sich so etwas ausdenken? Kann man eine solche Geschichte ohne jeglichen autobiographischen Anteil schreiben? Ich konnte es nicht. Allerdings verschwimmen selbst erlebte und fiktionale Elemente hier sehr stark miteinander. Ähnlich wie in »Ein todsicherer Plan« oder auch meinen beiden Kurzromanen »Miriam« und »Wo nichts mehr ist« steht auch hier der Unterschied zwischen der Erwachsenen- und der Jugendwelt im Vordergrund. Nur können sich Björn und Henriette nicht ganz von den Problemen lösen, die eigentlich ihre Eltern haben, weil diese Probleme sie unmittelbar beeinflussen. Aber das, was ihre Eltern als weitere Hindernisse betrachten, entpuppt sich für die beiden als völlige Nebensächlichkeit – eine Absage an starre Vorstellungen der Gesellschaft.
Ich wollte diese Geschichte als Beitrag für eine Literaturzeitschrift beisteuern, habe mich dann aber

dagegen entschieden, weil sie mir dafür zu hart und zu »unfröhlich« erschien. Leider ist die Wirklichkeit aber oft alles andere als fröhlich, und der viel größere Schmerz als das persönliche und familiäre Leid von Björn und Henriette besteht meiner Ansicht nach in dem, was im letzten Satz steht. Und doch gebe ich die Hoffnung nicht auf, daß es anders kommt als ich es geschrieben habe und sich die beiden doch eines Tages wiederfinden, miteinander glücklich werden und alles besser machen als ihre Eltern. Ich wünsche es ihnen von Herzen.

Das Haus in der Mühlenstraße – oder: Mein 120. Geburtstag

Ich bräuchte beide Hände, und möglicherweise sogar eine dritte, um abzählen zu können, wie oft ich in meinem Leben bislang umgezogen bin (Ich habe gerade nachgezählt und komme auf dreizehn Umzüge, also im Durchschnitt alle drei Jahre). Dort, wo ich jetzt wohne, bin ich seit dem Spätsommer 2011, also seit siebeneinhalb Jahren. So lang war ich noch nie in einer Wohnung. Es ist eine Altbauwohnung, gebaut um 1910 herum. In der Küche ist eine Stelle auf dem Fußboden, an der man deutlich erkennt, daß dort mal etwas Schweres gestanden haben muß, möglicherweise ein alter Herd. Schlafzimmer und Arbeitszimmer sind durch eine Wand getrennt, in der es einmal einen Durchgang gegeben haben muß. Zumindest befindet sich in der Wand eine Stelle, die hohl klingt, wenn man draufhaut und sich anfühlt wie nachträglich eingezogen. Die Fenster sind zwar alle erkennbar neuer als das Haus, haben aber keine Normmaße, was das Alter des Hauses bestätigen dürfte.

Oft habe ich mich gefragt, wie diese Wohnung früher mal ausgesehen hat und wer hier schon alles gelebt hat – insbesondere zu Zeiten, in denen es mich noch nicht gab. Wer war 1972 hier? Oder 1960? 1947, '35, '22? Wie sahen Bad und Küche aus, wie waren Wohnzimmer und

Schlafzimmer eingerichtet, wie sah es draußen auf der Straße aus? Was könnte mir diese Wohnung alles über ihre Bewohner (und über mich) erzählen? Ich werde es nie erfahren. Aber ich finde es hochgradig spannend, denn ich bin mir sicher, daß eine solche Wohnung einiges zu erzählen hätte. Also versuche ich es doch mal: Ich spiele jetzt »Wohnung« und plaudere aus dem Nähkästchen.
Es gibt von dieser Geschichte zwei Fassungen. Die kürzere war ein Beitrag für einen Literaturwettbewerb, an dem ich teilgenommen hatte. Für den Wettbewerb gab es eine bestimmte Längenvorgabe, allerdings mußte ich dadurch auf vieles verzichten, was diese Geschichte eigentlich ausmacht. Die zweite Fassung ist die ausführlichere, die ich ohne Rücksicht auf eine definierte Länge geschrieben habe und die deshalb ohne Zwänge auskommt. Hier lesen Sie die Langversion.

Später Anruf

Eine Geschichte, die für mich aus zwei Teilen besteht und die beide auf einer wahren Begebenheit beruhen. Während meiner Schulzeit war ich tatsächlich sehr in eine Jennifer verliebt, die in meine Parallelklasse ging und sich mehr für Pferde als für mich interessierte. Ich hielt es für eine mädchenhafte Spinnerei, aber sie hat ihr Hobby zum Beruf gemacht und dafür meine uneingeschränkte Bewunderung. Leider ist aus uns nie etwas geworden, aber ich hatte es mir sehr gewünscht.
Was Daniels Eltern erleben, ist Bekannten von mir Anfang der 90er Jahre tatsächlich genau so passiert. Diesen Anruf hat es wirklich gegeben, und der Gedanke daran jagt mir noch immer einen kalten Schauer über den Rücken. Es gibt Geschichten, die ich für unausdenkbar halte. »Später Anruf« ist eine solche.

An meinen Engel!
Ende August 2018 stieß ich durch Zufall auf eine dpa-Meldung, an der ich hängenblieb. Die deutsche Presseagentur (dpa) ist die größte deutsche Nachrichtenagentur und beliefert jede Menge Zeitungen und Sender mit Nachrichtenmeldungen der unterschiedlichsten Ressorts. An der, die mir die Vorlage für diese Erzählung lieferte, kam ich nicht vorbei. Deshalb beruht »An meinen Engel!« auf einer wahren Begebenheit, wenn auch sie sich in der Wirklichkeit anders zugetragen hat. »An meinen Engel!« ist eine Geschichte, wie man sie sich nicht ausdenken kann. Die ausgedruckte Meldung, die ein fertiger Zeitungsartikel hätte sein können, lag monatelang auf meinem Küchentisch. Immer wieder nahm ich sie und las darin und hatte am Schluß mit den Tränen zu kämpfen. Den Schmerz, der sich in Annis Brief ausdrückt, kann wohl jeder nachvollziehen, der kein Teenager mehr ist und seine Erfahrungen mit der Liebe und dem Verlassenwerden gemacht hat. Hier nun stellt sich heraus, daß Anni diesen Brief zwar geschrieben, ihn aber nie abgeschickt hat. Wir als Leser wissen mehr als der seltsame Herr Feichtner. Ist Ihnen aufgefallen, daß er sich Roland und Steffi gegenüber als »Wilhelm« vorgestellt hat? Er ist der Sohn, mit dem Anni schwanger war, als sie ihre Heimat verlassen hat. Ihr Versprechen, das Kind »Wilhelm« zu nennen, wenn es ein Junge wird, hat sie eingehalten. Aber es bleibt offen, ob Roland und Steffi ihm den Brief geben und ob er sich auf die Suche nach seinem Vater macht, der denselben Vornamen trägt wie er und Anni in schönen Tagen mit seinem Geigenspiel erfreut hat. Anni hat die Erinnerungen an ihren Willi und das Wissen über seine Identität mit ins Grab genommen. Obwohl mich das Wissen um die Echtheit des Briefes, von dem in der dpa-Meldung die Rede ist, unendlich traurig macht, mag ich diese Erzählung sehr. Sie gewährt einen persönlichen Einblick in das Leben eines anderen

Menschen und beschreibt Gefühle, die jedem bekannt vorkommen. Es ist eine echte, eine realistische Geschichte und vielleicht auch ein Appell an alle, die sie lesen, mit den Gefühlen anderer Menschen behutsam und respektvoll umzugehen. Die ideale Geschichte, um diesen Sammelband abzuschließen.

Von Raphael Gensert sind bisher erschienen:

Wo nichts mehr ist
Kurzroman
In: Mysteriöse Friedhöfe und Gabstätten
Shadodex Verlag der Schatten 2018
ISBN: 978-3-946381-495

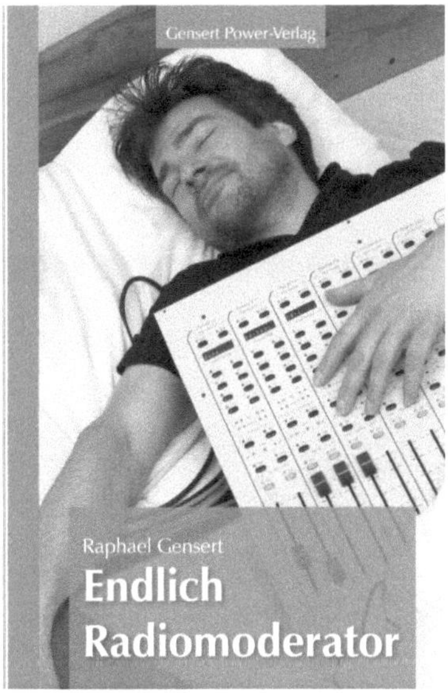

Endlich Radiomoderator
Ratgeber für alle, die zum Radio wollen
2., vollständig überarbeitete Auflage
Gensert Power-Verlag 2015
ISBN: 978-3-00-051158-5